AF330184

OPINION

ET OBSERVATIONS

D'UN CRÉANCIER DE L'ÉTAT,

SUR

LES DIFFÉRENS SYSTÈMES DE FINANCES

SUIVIS EN FRANCE

DEPUIS L'AN VIII JUSQU'AU 8 JUILLET 1815.

OPINION
ET OBSERVATIONS

SUR

LE BUDGET DE 1814,

SUR LE BUDGET DE JUIN 1815,

ET

SUR LES DIFFÉRENS SYSTÈMES DE FINANCES

SUIVIS EN FRANCE

DEPUIS L'AN VIII JUSQU'AU 8 JUILLET 1815,

PAR UN CRÉANCIER DE L'ÉTAT.

TROISIÈME ÉDITION.

A PARIS,

Chez PELICIER, Libraire, cour du Palais-Royal, n.º 10.

OCTOBRE 1815.

AVIS DE L'ÉDITEUR

CETTE TROISIÈME ÉDITION.

———

L'OPINION d'un *Créancier de l'État sur le Budget de 1814* fut publiée en août 1814, lors de la discussion de ce Budget, et en réponse à plusieurs écrits dans lesquels il avait été attaqué.

Les OBSERVATIONS et ÉCLAIRCISSEMENS, par un *Créancier de l'État, sur le Budget de juin 1815 et sur les différens systèmes de Finances suivis en France depuis l'an VIII, &c........* furent publiés en août 1815, en réponse aux erreurs et aux diatribes contenues dans l'Exposé de la situation de l'Empire et dans le Compte des Finances de juin 1815 et dirigées contre l'exécution du Budget et de la Loi du 23 septembre 1814 et contre l'Administration des Finances du 1.er avril 1814 au 20 mars 1815.

L'*Opinion* et les *Observations d'un Créancier de l'État*, publiées à un an de distance, à des époques et dans des conjonctures différentes, nées des circonstances et de la discussion des Budgets, s'élèvent aux considérations générales et aux principes d'Administration des Finances, de Crédit public et d'Économie politique.

Ces deux écrits exposent et défendent les mêmes principes, le même système de Finances; ils se rattachent l'un à l'autre et se servent mutuellement de développement et de complément.

Le premier indiquait le but et le chemin à tenir.

Le second montre la route parcourue, jusqu'à quel point on avait approché du but en 1814, et combien on s'en était éloigné pendant les années précédentes.

L'un renfermait des pronostics, annonçait des espérances, dont l'autre montre l'accomplissement commencé.

Dans l'un et l'autre ouvrages, le lecteur parcourt la même carrière.

Dans le premier, les principes du Crédit public lui servent de guides ; il est, par le raisonnement, mené vers l'avenir, et l'espérance l'accompagne.

Dans le second, sous la conduite de l'expérience, il observe les faits, il recueille les résultats, et, par le raisonnement, remonte vers les principes et les causes.

On a cru devoir réunir ces deux écrits dans le même volume, parce que leur rapprochement leur donne plus d'intérêt, facilite l'étude des questions importantes de Crédit public et d'Administration des Finances qui y sont discutées, et prête plus de force et de clarté à la démonstration des principes et du système qui y sont professés et défendus.

Cette troisième édition *in-8.°* est conforme, pour le texte, aux secondes éditions *in-4.°* faites en août 1814 et en septembre 1815.

BRICOGNE.

OPINION

D'UN CRÉANCIER DE L'ÉTAT

SUR LE BUDGET

(PROPOSÉ LE 22 JUILLET 1814)

ET

SUR LES *OBSERVATIONS* ET *RÉFLEXIONS*

DONT IL A ÉTÉ L'OBJET;

ADRESSÉE

AUX CRÉANCIERS DE L'ÉTAT.

Discite justitiam moniti et non temnere Divos.
VIRG. *Æneid. lib. VI.*

Apprenez le prix et les effets du Crédit,
et ne dédaignez plus ce présent des Dieux.

TROISIÈME ÉDITION.

AVERTISSEMENT.

———

JE crois devoir prévenir, à cause de la nature des matières traitées dans cette brochure, et à cause des principes qui y sont professés, qu'elle n'a été ni commandée, ni influencée, ni même connue avant l'impression. Elle renferme l'expression libre et spontanée de l'intime conviction d'un écrivain particulier.

Les faits et les calculs, tirés des Comptes imprimés, sont à tout le monde ; les raisonnemens, les vues hasardées, et sur-tout les erreurs, m'appartiennent. Quant au petit nombre de vérités utiles que cette brochure peut renfermer, ou je les ai recueillies dans les ouvrages des auteurs que j'ai étudiés, ou elles m'ont été révélées par les hommes d'État qui ont formé ma jeunesse et instruit mon inexpérience.

Je réclame l'indulgence pour cet opuscule, premier essai de l'auteur et ouvrage de peu de jours ; le temps, dans de pareilles matières, fait beaucoup à l'affaire. Si la publication eût pu être différée, je me serais efforcé de le rendre moins indigne des regards du public.

Afin qu'on ne puisse pas m'accuser de chercher à offenser qui que ce puisse être, je déclare que les reproches d'inexactitude et de fausseté que je suis dans la nécessité d'articuler, ne s'adressent qu'aux faits et aux choses, et nullement aux individus : j'estime et je respecte les personnes, mais je ne dois aucun ménagement aux erreurs ; je les attaque avec toute la franchise, toute l'indépendance de mon caractère, et avec la chaleur d'un Créancier de l'État qui se défend contre sa ruine.

Le 10 Août 1814.

UN CRÉANCIER DE L'ÉTAT.

L'Avertissement qui précède est également applicable aux *Observations et Éclaircissemens , par un Créancier de l'État, sur le Budget de juin 1815 et sur les différens systèmes de Finances suivis en France depuis l'an VIII, &c....* publiés en août 1815, et réimprimés dans ce volume.

Quelques personnes ont blâmé la sévérité des critiques contenues dans ces deux écrits, parce qu'elles ne ressentaient pas au même degré l'indignation et la douleur que m'inspire la conviction de tous les maux qu'*une longue Administration banqueroutière* a causés à la France, et pourrait lui causer encore.

Le seul regret, la seule crainte que l'on pût justement éprouver, seraient que ces critiques, adressées à des hommes aveugles et incorrigibles, n'eussent pas assez de force pour les convaincre de leur erreur, et pour empêcher à l'avenir les fautes qui, avant le 1.er avril 1814, affaiblirent et déshonorèrent les Finances, et ruinèrent les Créanciers de l'État et les Contribuables.

Les véritables amis du Roi et de la Patrie doivent, pour le salut des Finances et de la France, désormais inséparables, faire le vœu de voir se former une sainte ligue d'orateurs et d'écrivains pénétrés de l'amour de la justice et de la fidélité, plus éclairés, plus habiles et non moins zélés que *le Créancier de l'État;* de les voir se charger de la pénible mais honorable tâche de faire tête à cette nuée d'écrivains sans mission et d'orateurs sans expérience, sans étude, ou sans connaissance de la matière, à ces apôtres de la mauvaise foi, de l'infidélité, de l'injustice (1), qui, après avoir replongé les Finances dans l'abîme de la *Banqueroute* d'où elles sortaient à peine, s'efforceraient, dans leur zèle aveugle ou cou-

---

(1) *Voir*, à la fin de ce volume, le Catalogue des écrits publiés et des opinions prononcées en 1814 contre le Budget.

pable, de nous y retenir, de nous y enfoncer de plus en plus.

Puissions-nous voir enfin, en 1815, autant d'émulation, autant d'ardeur à professer et à propager les principes du Crédit public, à seconder et à défendre par écrit et au sein des Chambres, à faire prévaloir le système et les plans fondés sur ces principes salutaires et réparateurs, et à en assurer le succès, que nous en vîmes, en 1814, pour les attaquer et les renverser (1)!

Alors je reconnaîtrai que mes critiques étaient superflues; je serai convaincu de l'inutilité de mes obscurs efforts, et je poserai la plume sans regret et avec satisfaction.

Car, lorsque le Crédit public sera affermi, mais alors seulement, la France et le Roi seront sauvés des dangers du retour des troubles, de

---

(1) En 1814, il fut publié vingt écrits et prononcé vingt-deux discours contre le Budget.

En *voir* le Catalogue à la fin de ce volume.

l'anarchie, de l'invasion; la tranquillité, le bonheur, la prospérité publique, seront préparés et assurés pour long-temps.

Arrêtons-nous sur cet espoir consolant, et détournons les yeux de l'épouvantable tableau des malheurs que, dans cet instant critique, le discrédit et la *Banqueroute* prolongeraient, accroîtraient, multiplieraient.

Le 1.er Octobre 1815.

UN CRÉANCIER DE L'ÉTAT.

OPINION

D'UN CRÉANCIER DE L'ÉTAT

SUR LE BUDGET

(PROPOSÉ LE 22 JUILLET 1814).

ET

SUR LES *OBSERVATIONS* ET *RÉFLEXIONS*

DONT IL A ÉTÉ L'OBJET.

L E Budget a été présenté à la Chambre des Députés Motifs et objet de cet écrit. le 22 juillet 1814. On ne connaît pas encore l'opinion de cette Chambre ; mais, dès les premiers jours, l'opinion du public et celle des Créanciers de l'État a semblé formée. On a généralement vu avec satisfaction, qu'abandonnant le système de dissimulation et de *Banqueroute* constamment suivi depuis vingt-cinq ans, le nouveau Ministre des Finances du Roi exposait avec une franchise entière, sans exagération comme sans réticence, la Situation des Finances et de l'Arriéré, *autant qu'elle a pu être connue en trois mois ;* qu'il proposait de tout payer, et qu'il en présentait les moyens.

Créancier de l'État, je partageais cette satisfaction générale; je me flattais d'être enfin parvenu au terme de mes inquiétudes et de mes sacrifices : plein de sécurité dans des promesses aussi loyales et dont l'exécution me paraissait complétement garantie, pénétré de reconnaissance pour mon ROI, j'avais déjà, par ma pensée, consacré à son service les débris de ma fortune conservée par ses généreuses intentions, et de tout temps employée au service de l'État; je me préparais à y ajouter tous les efforts de mon zèle, toutes les ressources de mon crédit revivifié par la fidélité de l'État mon débiteur.

J'ai appris que l'on annonçait, que bientôt il allait paraître chez tous les marchands de nouveautés, que l'on répandait avec profusion (1) des *Observations* et des *Réflexions* de sinistre présage, qui devaient démontrer que la Situation présentée au ROI par le Ministre des Finances, et communiquée par le ROI à la Nation dans la personne de ses Députés, que le Budget fourmillaient d'inexactitudes, d'erreurs ; que les mesures proposées seraient la ruine de l'État et de ses Créanciers ; que *l'un* articulait contre le Ministre le reproche de mauvaise foi, d'injustice ; que *l'autre*, en rendant hommage à ses intentions, lui reprochait d'avoir voulu trop faire pour les Créanciers (faute

---

(1) Les *Observations d'un anonyme* ont été envoyées et distribuées gratuitement dans tous les Départemens.

dont je ne m'étais pas aperçu, et dont je n'aurais pas songé à l'accuser ; et ce qui me paraissait bien plus grave, de ne leur avoir présenté que des promesses vaines, de s'être abusé le premier sur l'effet et le résultat des mesures qu'il proposait, et enfin d'avoir voulu mettre les Créanciers de l'État à sa merci, pour racheter leurs créances à vil prix, à son profit peut-être.

D'aussi graves inculpations m'ont fait bénir, même avant de connaître leurs ouvrages, les utiles citoyens dont le zèle officieux s'efforçait, soit d'éclairer, soit de démasquer, dès ses premiers pas, un Ministre des Finances trompé ou trompeur, de répandre parmi les Créanciers une salutaire alarme, de leur rendre toutes leurs inquiétudes, d'enlever à leurs créances la valeur que le Crédit renaissant commençait à leur donner, et de les restituer à leur misère, à leur malheur. Dans mon affliction, je louais encore ces hardis écrivains de s'efforcer de ravir toute foi à des promesses illusoires, de provoquer contre l'Administration actuelle à son début toutes les résistances, d'élever tous les obstacles qu'il eût été à desirer que l'Administration précédente eût rencontrés, et qu'il y aurait eu tant de mérite à lui opposer, parce qu'il y aurait eu quelque courage à le tenter. Je m'étonnais que le public ne fût pas aussi alarmé que moi ; qu'il s'obstinât à prouver, par la hausse des fonds publics, qu'il ajoutait foi aux Comptes du Ministre et confiance à ses projets.

Je me suis procuré les brochures annoncées, dans l'espoir d'être éclairé sur mon malheur et d'en trouver le remède ; je les ai lues et relues ; je les ai comparées entre elles et avec le Budget qu'elles critiquent ; et plus que jamais je bénis les auteurs de m'avoir communiqué leurs *Réflexions* et *Observations :* mes alarmes sont dissipées, et ma confiance est revenue toute entière.

J'avais d'abord pensé que le Ministre, attaqué dans ses projets, dans ses Comptes et jusque dans sa personne, devait répondre ; la réplique me paraissait facile. Depuis, cette facilité même m'a paru un des motifs de son silence. Il a pu, sans présomption, juger qu'il ne s'était pas encore présenté d'antagoniste digne de lui ; qu'il ne devait pas abandonner la méditation des grands intérêts de l'État, la combinaison de ses plans, l'exécution des ordres du Roi, le soin de la fortune publique, et descendre à tout instant dans l'arène où il plairait au premier champion de l'appeler pour lui jeter à la tête des erreurs, des projets et des rêves.

Je ne me flatte pas d'être suffisamment initié aux systèmes de Finances de tous les temps et de tous les pays, ni aux grandes questions d'administration et d'économie politique, pour choisir et indiquer le système qui convient le mieux à notre position actuelle, et pour distribuer, du haut de mon observatoire, ou du fond de ma retraite, des leçons aux Représentans des Nations, aux Rois et aux Ministres.

Mais j'ai donné aux Lois de Finances et aux mesures versatiles des Gouvernemens qui se sont succédés, cette inquiète et curieuse attention que tout Créancier de l'État accorde à des mesures qui touchent ses plus chers intérêts. J'en ai ressenti tous les contre-coups ; j'ai vu, malgré mes soins les plus vigilans, mes travaux les plus assidus, ma plus rigoureuse économie, la fortune considérable que mes pères avaient acquise par cinquante ans de fidélité et de dévouement au service de leurs Rois, successivement frappée et réduite par les assignats, les mandats, les liquidations, les consolidations de toute espèce.

J'ai, comme tout Créancier de l'État, acquis par une douloureuse expérience, trop souvent répétée, un tact assez sûr pour juger du mérite des opérations financières et de la valeur des projets : je ne crois pas céder à de vaines illusions, en avançant qu'aucun plan n'a mieux mérité que le Budget actuel, ni plus rapidement obtenu l'assentiment des Créanciers de l'État et des hommes éclairés ; qu'il est préférable à ceux que nous étions accoutumés à voir adopter sans observations. Il me paraît sur-tout facile de démontrer qu'il ne mérite pas les reproches qui lui sont adressés dans les brochures qui ont paru, et qu'il est supérieur aux projets que l'on insinue et vers lesquels on tâche d'amener l'attention et la préférence.

Ces projets, je l'avoue, m'épouvantent, tandis que ceux du Ministre des Finances du Roi me rassurent.

Je crois avoir acheté assez chèrement le droit d'en juger, et la liberté d'en dire mon avis. Je vais user de ce privilége.

Je ne prétends faire, ni une réfutation complète des objections que l'on peut opposer au Budget, je discuterai les points attaqués que j'ai pu vérifier ; ni un traité d'économie polique, je me bornerai aux aperçus qu'exigera la discussion du Buget.

J'ai rendu naïvement compte des diverses impressions que ce Budget, et les attaques dont il a été l'objet, ont faites sur moi ; je ne doute pas que les autres Créanciers de l'État n'aient éprouvé des impressions peu différentes : c'est avec eux principalement que je prétends continuer de causer familièrement de nos intérêts communs, des espérances et des dangers que nous présentent les plans du Ministre des Finances du Roi, et ceux des écrivains qui les censurent ; chemin faisant, je releverai plusieurs inexactitudes de chiffres, échappées sans doute aux deux critiques, et parfois plus graves que celles qu'il leur plaît de reprocher aux Comptes (1).

____

(1) Je répète que les reproches d'inexactitude et de fausseté s'adressent aux Budgets, aux faits et aux choses, et non aux individus. Je n'attaque pas la personne de l'administrateur ou de l'écrivain, mais je poursuis sans ménagement les erreurs.

OBSERVATIONS

D'UN ANONYME

Sur les Discours et Rapport des Ministres du Roi.

LES *Observations et Éclaircissemens sur le paragraphe concernant les Finances,* &c. ont paru d'abord : si elles sont de l'auteur auquel, à tort je pense, on les attribue, on a le droit d'en exiger beaucoup, puisqu'il aurait long-temps administré les Finances du grand Empire.

J'attendais de l'anonyme des vues générales et profondes, des plans fondés sur l'expérience et mûris par la réflexion. J'ai vu, dans son opuscule, des chicanes de chiffres, sans résultat si elles étaient fondées, et le plus souvent erronées, des querelles de mots, l'apologie de l'Administration précédente et des anciens Ministres, des plaintes sur le peu d'égard que les Ministres du Roi ont observé dans leurs discours au Corps législatif.

Plaintes sur les Discours des Ministres.

L'anonyme défend des Administrateurs que les Ministres du Roi n'accusent pas, et une Administration que tout accuse excepté ces Ministres. Il se plaint du silence comme d'une injure.

Qu'il lise les *Réflexions* de M. *Ganilh* : il y verra, dès la première page, *les déplorables excès du pouvoir absolu, de ses ministres, de ses conseillers et de ses courtisans* ; il verra, *page 39*, M. *Ganilh* s'étonner et s'indigner que *l'on ne recherche pas les complices des violations de dépôt, qu'on ne prenne aucune mesure pour atteindre les coupables et disculper les innocens, qu'on couvre d'un voile officieux le scandale de l'ordre spoliateur et l'exécuteur timide ou intéressé* : ce qui veut dire qu'il faut mettre en jugement les précédens Ministres ; proposition aussi injuste qu'impolitique, aussi loin de la pensée que des discours des Ministres du Roi.

Lequel des Ministres de *Buonaparte* a jamais eu, dans la formation d'un seul plan, dans l'exécution d'un seul projet, la liberté de pensée ou d'action suffisante pour qu'on puisse lui attribuer l'honneur ou le blâme des résultats ! Peut-on faire un crime de l'obéissance universelle ! Y a-t-il responsabilité où il n'a pas existé de volonté !

Ne doit-on pas de l'estime, de la reconnaissance même, aux administrateurs qui ont géré avec désintéressement, qui n'ont eu en vue que le bonheur de leur pays, et qui, placés auprès d'un maître farouche, s'efforçaient d'adoucir par leurs représentations, trop souvent vaines il est vrai, son caractère indomptable, et d'atténuer, dans l'exécution, ses ordres absolus et insensés !

Un seul homme est coupable et responsable de toutes les erreurs, de tous les crimes du dernier Gouvernement; et il ne s'agit ni d'accuser ni de défendre ses instrumens, lorsque, par le privilége du rang auquel il s'était élevé, par la crainte même du mal qu'il eût pu faire encore s'il eût été réduit au désespoir, il a échappé à la juste vengeance que demandaient tant de trésors, tant de sang, prodigués pour le malheur de l'humanité.

Les Ministres du Roi me paraissent avoir parfaitement senti la délicatesse de leur position : ils ne blâment, ils ne louent aucun individu; ils marchent d'un pas ferme entre ces deux écueils; ils n'accusent aucun agent; ils n'en nomment, n'en indiquent même aucun. J'ai vainement cherché dans leurs discours une allusion; les instrumens ont disparu à leurs yeux : ils ne considèrent que les causes et les résultats; ils les exposent avec sincérité, tels qu'ils les voient et tels qu'ils sont. Si leur modération avait besoin d'éloges, elle n'en pourrait trouver un plus réel que celui d'avoir excité les plaintes opposées de l'anonyme et de M. *Ganilh*, sans avoir mérité ni les unes ni les autres aux yeux du lecteur impartial et désintéressé.

Je me suis peut-être trop appesanti sur l'examen des procédés des Ministres de l'Intérieur et des Finances; mais c'est que, nous autres Créanciers, nous craignons jusqu'à l'ombre de l'injustice et de la finesse dans les manières d'un Ministre des Finances : nous le voulons franc et loyal. Rassuré sur ce point, je vais examiner les erreurs reprochées au Rapport par l'anonyme.

Tous les Budgets publiés depuis l'an 8 lui paraissent complets et exacts : il prétend démontrer qu'on ne peut leur reprocher ni dissimulation ni fausseté ; il reconnaît cependant que, presque chaque année, les dépenses réelles ont excédé les évaluations des Budgets de 40 à 50 millions, et même, une année, de 104 millions.

Mais il prétend montrer aussi que, chaque année, les recettes ont atteint ou même dépassé les premières évaluations, et que l'équilibre a ainsi toujours été maintenu ou rétabli. En nous assurant que les guerres de 1812 et 1813 ont pu seules déranger cet admirable équilibre, il paraît de la meilleure foi du monde. Il nous indique les sources où il a puisé : *il n'a eu, dit-il, loin des affaires publiques, d'autres renseignemens que les Comptes publiés ;* il n'a donc pu y voir que ce que *Buonaparte* permettait d'y mettre. D'ailleurs, il s'arrête à la masse des Comptes ; il n'explique pas , sans doute parce qu'il les ignore, les expédiens employés pour offrir un équilibre apparent.

Il ne s'aperçoit pas que les Comptes imprimés des Ministres de la Guerre, de la Marine, de l'Intérieur, &c., étaient incomplets et insignifians; qu'ils présentaient le montant des ordonnances délivrées, c'est-à-dire des paiemens faits par les Ministres, et non le montant des sommes dues pour les dépenses ordon-

nées et effectuées, soit qu'elles fussent payées, soit
qu'elles ne le fussent pas : ainsi, par exemple, tandis
que j'avais fait un service de 600 mille francs, je figu-
rais dans ces Comptes pour les 300 mille francs seulement qui avaient été ordonnancés à mon profit, et le
surplus de ma créance n'était porté dans aucun Compte
ministériel. L'anonyme est dupe de ce prestige. Il passe
sous silence les *Banqueroutes* faites presque chaque
année, les retards, les refus, les rejets, les réductions
des créances, et enfin les inscriptions de leurs faibles
restes échappés aux liquidations et aux liquidateurs.
Mais il ne peut entraîner dans son erreur un Créancier
des Ministères qui retrouve dans ses bilans toutes les
traces des *Banqueroutes*, soit patentes, soit cachées,
répétées depuis vingt-cinq ans.

Que nous importe en effet que vos Budgets, que
vos Comptes se balancent sur le papier, si vous avez
laissé en dehors et sans moyens de paiement nos
créances les plus légitimes ! N'avons-nous pas le droit
de vous taxer d'injustice, de fausseté, si, méconnaissant nos droits, vous nous avez fait éprouver des délais
interminables, des réductions arbitraires, par le beau
motif qu'il fallait renfermer les paiemens dans les limites
des Budgets qu'il vous avait plu de fixer ! Qui pourrait
calculer la somme des capitaux détruits par ces refus
de paiemens ! Cet équilibre, maintenu par notre
ruine, n'est que le voile sous lequel on a caché les
erreurs volontaires dont nous avons été les victimes ; et

comment qualifier la confiance avec laquelle les partisans de l'ancienne Administration cherchent à nous couvrir de ce voile, comme s'il nous était encore défendu de le déchirer et de faire entendre nos plaintes !

Avec quelle satisfaction n'avons-nous pas dû voir les Ministres du Roi rétablir le Budget sur sa véritable base, nous annoncer que dans les recettes *ils se garderaient sur-tout des exagérations, qui sont les plus dangereuses erreurs ; que dans les dépenses ils comprendraient les consommations réelles ; qu'aucun Arriéré ne se formerait sous le règne du ROI !* Nous donner de telles assurances, nous présenter un Budget qui laisse espérer réduction de dépense, accroissement de recette, c'était le seul moyen de rassurer les Créanciers de l'État, de faire du Budget, jadis leur effroi, le gage de leur sécurité, et de fonder le Crédit sur ce même Budget jusque-là l'instrument du discrédit.

Les Contributions étrangères.

Mais l'anonyme fait un autre oubli : il a perdu de mémoire que, depuis le commencement de la révolution, et sous le Gouvernement impérial sur-tout, les armées françaises ont diverses fois conquis et occupé pendant plusieurs années l'Allemagne, la Hollande, l'Italie, l'Espagne ; que les énormes recettes qui ont été faites dans ces pays, que les dépenses qu'ils ont supportées, n'ont été comprises dans aucun Budget, et qu'il y a par conséquent telle année où le Budget a été fautif de 100 ou 200 millions par cette seule omission.

Cette omission est d'autant plus essentielle , que l'occupation et le pillage des pays voisins de la France étaient la base principale des Finances du Gouvernement impérial, et son plus puissant moyen de balancer ses Budgets. Il jetait à volonté, sur un territoire étranger , deux ou trois cent mille hommes qui y vivaient à discrétion, et ne coûtaient plus rien aux Finances ; bientôt même il poussa l'art de la rapine jusqu'à faire, d'une armée qui, pour tout Gouvernement, n'est qu'une cause de dépense , un moyen de recette. Il élevait les contributions de guerre à un tel taux, qu'après avoir fait payer et nourrir ses armées, il faisait verser des sommes considérables dans les coffres de son domaine extraordinaire. Ces recettes n'étaient pas comprises dans les Budgets ; quelquefois cependant il abandonnait une partie du fruit de ces spoliations pour rétablir l'équilibre des Budgets de recette, et par l'oppression et le pillage des contrées voisines il subvenait aux dépenses qui n'étaient pas comprises dans les Budgets.

Tel était le grand ressort des Finances de *Buonaparte;* et au moment où il a échappé de ses mains, tout son système de Finances et son sceptre se sont brisés.

Et dût-on me railler de trop voir, de tout voir dans les Budgets, je dirai que j'y découvre le secret de sa politique et la cause de sa chute.

Tourmenté d'une ambition et d'une avidité insatiables, il s'était placé dans la vicieuse alternative

Ressort principal des Finances de *Buonaparte.*

Motifs de sa politique.

d'augmenter ses dépenses pour accroître ses armées, et d'augmenter ses armées pour subvenir à ses dépenses. Suivons la marche de ses guerres.

Vers la fin de l'an 13, l'armée de Boulogne, préparée pour l'Angleterre qui se montrait peu disposée à la recevoir et à la payer, fut portée en Allemagne, parce que les dépenses de l'an 12 avaient dépassé les évaluations de 104 millions, suivant le calcul de l'anonyme, et parce que l'an 13 aurait éprouvé un déficit beaucoup plus considérable, si les derniers mois de la solde des armées et un grand nombre d'autres dépenses n'eussent été payés aux dépens de l'Allemagne envahie en vendémiaire de l'an 14.

Cette invasion de l'Allemagne et les guerres qui en furent la suite, rétablirent l'équilibre en 1806 et 1807; mais, pour le maintenir, il fallait ou licencier ou porter ailleurs qu'en France, où on ne pouvait ni les nourrir, ni les payer, les armées retirées d'Allemagne : les guerres de Portugal et d'Espagne furent entreprises.

L'Espagne ne se laissa pas impunément pressurer et ravager; il fallut fournir des fonds aux armées qui l'occupaient : de nouvelles armées levées en France allèrent chercher ces fonds en Allemagne, et l'équilibre se rétablit encore.

Causes de sa chute. L'Espagne, toujours rebelle, refusait les tributs que l'Allemagne épuisée ne pouvait plus fournir : et l'insensé alla courir à Moscow, croyant frapper au cœur l'Empire Russe, dont l'étendue et les déserts défiaient

ses armées et ses collecteurs de contributions extraordinaires, espérant y saisir rassemblées les richesses de
l'Europe et de l'Asie ; il ne trouva qu'un monceau de
cendres ; il perdit ses armées, ses trésors ; l'Allemagne
soulevée refusa tout tribut ; et le poids entier des
dépenses de la guerre retomba enfin sur la France.

Un moyen de salut pour les Finances naissait de
l'excès même de ces malheurs. Les armées avaient été
détruites ou considérablement affaiblies ; la France
aurait pu suffire aux besoins de la paix qui lui était
offerte : elle fut refusée. De nouvelles armées furent
créées. Afin de pourvoir à tant de dépenses, il fallut
épuiser toutes les caisses, violer tous les dépôts, consommer tous les fruits des guerres précédentes accumulés au domaine extraordinaire, et élever les contributions à un excès insupportable. L'insuffisance de
ces moyens pour faire tête à l'Europe entière, le mé-
contentement des peuples excédés des surcroîts de
contributions arbitraires ajoutés à tant de vexations et
de maux, et l'épuisement des Finances, ont amené la
chute du tyran.

Que l'on cesse de vanter comme un chef-d'œuvre
de fidélité et de combinaison financière l'exactitude
avec laquelle l'équilibre était conservé dans les Budgets.
Je crois avoir démontré que les expédiens employés
pour y parvenir étaient la ruine des Créanciers légitimes, l'oppression et le pillage général de l'Europe.

C'est avoir fait grâce à un pareil système que de ne

Équilibre
des Budgets.

lui avoir reproché que l'inexactitude et la fausseté. Le déficit qu'il a amené était inévitable ; il était imminent chaque année, et devait se réaliser l'année où les armées françaises seraient forcées de rentrer sur le territoire français ; la paix seule suffisait pour amener ce déficit, et pour enlever les moyens constamment employés à le combler. Cette conviction était un des motifs qui entraînaient le chef du Gouvernement à repousser la paix avec tant de constance.

Que l'on ne vienne pas s'étonner qu'après vingt ans de guerre, les Finances de la France ne présentent qu'un déficit d'un milliard trois cents millions. Cette somme n'est que la moindre partie du déficit réel de ces vingt années.

Déficit réel de l'an 8 à 1814.

Le déficit réel se compose de tout ce que les *Banqueroutes* ont enlevé aux Créanciers de l'État et aux fortunes particulières, de tout ce que la guerre ou plutôt le brigandage a fourni aux Finances, de toutes les dépenses que l'Allemagne, la Hollande, l'Italie, l'Espagne et le Portugal, ont supportées à la décharge des Finances de la France.

Qui osera en faire le calcul !

La France a eu vingt années de guerre ; mais elles ont été pour les Finances vingt ans de conquêtes et de recettes extraordinaires dissimulées dans les Budgets.

La guerre n'a pesé sur les Finances qu'à partir de novembre 1812, et nous voyons l'état où moins de deux années les ont réduites.

Il y a quelque générosité au Ministre des Finances du Roi d'avoir négligé les faits que nous venons de rappeler, et les conséquences qu'il pouvait en tirer, pour ne s'occuper que du déficit de 1812 et de 1813, qu'il fallait bien montrer puisqu'il s'agissait d'y pourvoir.

Je conviens qu'un Budget n'est qu'un aperçu, lorsqu'il est projeté au commencement de l'année ; mais, lorsqu'il est réglé à la fin du onzième mois, on peut en exiger de l'exactitude, puisqu'il doit, pour les dix premiers mois, être un Compte rigoureux. Or, je remarque que le Budget de 1813 a été réglé le 26 novembre 1813 ; et quatre mois après il présentait un déficit de...................... 278,000,000^f quoique le Décret du 26 novembre eût déjà pourvu à un déficit de.........109,000,000. et rectifié d'autres évaluations pour... 41,000,000.

Inexactitude
du
Budget de 1813.

Il me paraît difficile de soutenir l'exactitude d'un Budget qui offre des erreurs pour........................... 428,000,000.

et un déficit de 278 millions, après avoir été rectifié à la fin du onzième mois.

Lorsque les résultats sont si monstrueux, que gagnerez-vous à chicaner pour quelques millions ! Vous en contestez, en tout et à tort, quinze ou vingt. Je vous en accorde trente. La somme des erreurs restera de 400 millions, et le déficit de 250 millions sur l'année 1813 seule.

Ce déficit était d'autant plus dangereux, et il était d'autant plus essentiel de le faire remarquer, que les dépenses de 1813 et de 1814 avaient marché d'un pas plus rapide que les recettes, et les dépassaient déjà de 180 millions au 1.er avril dernier.

Enfin, il était facile, au 4 janvier 1814, de prévoir que le Budget de 1814 ne pourrait fournir 1,245 millions de recettes, ni subvenir à pareille somme de dépenses.

Arrêter, au 26 novembre 1813, le Budget de 1813, à 1,150 millions; arrêter, au 4 janvier, celui de 1814, à 1,245 millions, c'était en imposer à la Nation, et encourir le juste reproche de dissimulation et de fausseté. Le chef du Gouvernement le savait; les Ministres ne l'ignoraient pas : leurs représentations auraient été mal reçues, il fallait obéir ; et ils ne peuvent que blâmer avec moi l'imprudent anonyme qui, en parlant de ce qu'il ignore, tend à disculper le chef du Gouvernement aux dépens de ses Ministres.

L'anonyme, qui veut absolument tout justifier, soutient qu'il était tout simple de prendre et de manger (*car*, dit-il, *détourner et dévorer, dénotent de la passion*) tous les fonds des Dépôts confiés aux caisses publiques; que le besoin, la nécessité, excusaient tout. Ce n'est pas à moi, qui, au lieu d'avoir reçu moitié de mes créances, n'aurais peut-être touché que le quart, si l'on eût respecté les dépôts, à quereller ces principes commodes ; je laisse l'anonyme aux prises avec

M. *Ganilh*, qui n'entend pas raillerie sur ce point, et veut absolument mettre tout le monde en accusation, afin que l'on *distingue les innocens des coupables*, que l'on connaisse *le scandale de l'ordre spoliateur et celui de l'exécuteur timide ou intéressé*. J'ai fait à cet égard ma profession de foi : je ne connais qu'un seul coupable ; et je tiens pour très-habile tout Ministre qui a fait payer, aux dépens de qui il appartiendra, plus qu'il n'a reçu du Budget. On ne doit blâmer et faire punir que ceux qui payent moins qu'ils ne reçoivent. Mais il doit être permis aux Ministres du Roi de faire connaître l'étendue des sommes détournées des caisses avant leur administration, dont le nouveau Gouvernement n'a pas profité, et dont il reste chargé de payer les intérêts et de rembourser le capital.

On prétend que les *fonds de la Caisse d'Amortissement* consacrés à éteindre la Dette publique, ont pu être, au gré du chef du Gouvernement, *employés au service du Trésor*. Oui, sans doute, en méconnaissant le but de cette institution, en violant toutes les Lois, en manquant à la foi publique, en oubliant jusqu'aux premiers élémens de cette science du Crédit, qu'on dit si facile et si commune aujourd'hui, quoique depuis vingt-cinq ans les règles et les devoirs qu'elle impose aient été constamment méconnus, quoique le Ministre, qui le premier ose nous en révéler solennellement les élémens et en tenter en grand un essai, semble nous parler une langue étrangère, et ne soit pas entendu.

J'imiterai la réserve du Ministre, qui ajourne ses plans d'Amortissement, et celle de l'anonyme, qui diffère la révélation de ses vues sur cette matière. Je ne répondrai qu'au fait qu'il cite : *Sous le rapport même de l'Amortissement de la Dette*, dit-il, *la Caisse d'Amortissement n'a pas été entièrement inutile, puisqu'elle possède encore 3,600,000 francs de Rentes qu'elle a acquises.* Cela est affirmé avec assurance : eh bien, croirait-on que non-seulement la Caisse d'Amortissement n'a pas acquis ces Rentes, mais qu'au contraire elle en a vendu qu'elle n'avait pas achetées ? Je le prouve, les Lois à la main.

La Loi du 24 avril 1806 a créé, au profit de la Caisse d'Amortissement, une Rente de 3 millions sur le Grand-livre. La Loi du 15 janvier 1810 a ouvert un Crédit, en Rentes, de 4 millions, sur lesquels 2 millions ont été donnés à la Caisse d'Amortissement en échange de ses Bons. Il a donc été inscrit au nom de la Caisse d'Amortissement, par création, 5 millions de Rentes. Il ne lui en reste que 3,600,000 francs.

La Caisse d'Amortissement, loin de diminuer la Dette publique, a donc servi à l'accroître de 1,400,000 francs de Rentes, lesquelles, avec toutes les Rentes qu'elle avait précédemment achetées, ont été cédées au Sénat et à la Légion d'honneur en échange de domaines, situés, pour la plupart, en Allemagne, en Hollande, en Italie.

Il est vrai, nous dit-on, que si nous eussions conservé ces pays, nous en eussions recouvré les revenus et vendu les domaines. Mais, aveugles incurables, ne voyez-vous donc pas encore que tout votre système de Finance, lié à un système d'usurpation qui ne pouvait avoir qu'un temps, placé sur ce fondement ruineux, loin de lui servir d'appui, de lui porter secours, en recevait toute sa valeur, et devait crouler avec lui !

Relativement à l'Arriéré, les *Observations* vont plus loin que le Rapport du Ministre des Finances du Roi, puisqu'elles portent l'Arriéré exigible à 888,456,000 francs, tandis que le Ministre ne l'établit qu'à 805,165,000 francs.

L'Arriéré n'a pu être exactement connu en trois mois

Si l'on prétendait discuter, critiquer chaque partie de cet Arriéré, et exiger, *après moins de trois mois,* des Comptes détaillés et complets, les Ministres du Roi pourraient répondre : « Adressez-vous aux Ministres » de *Buonaparte* (1) ; et laissez-nous, pour présenter les » Comptes d'une année de troubles et de malheurs, le » délai ordinairement accordé dans les temps d'ordre » et de calme (2).

---

(1) *Voir* ci-après, pages 113 à 147, comment ce Compte a été présenté par les Ministres de *Buonaparte,* en juin 1815, après *quinze mois* de délai.

(2) Les Comptes imprimés pour les quatre dernières années ont été arrêtés et publiés aux époques et dans les délais ci-après :

1809. Arrêté au 1.er avril 1811, publié en juillet 1811 ; délai, 18 mois.

1810. Arrêté au 1.er avril 1811, publié en juillet 1811 ; délai, 6 mois.

1811. Arrêté au 1.er janv.er 1813, publié en mars 1813 ; délai, 14 mois.

1812. Arrêté au 1.er octobre 1813, devait être publié en décembre 1813 ; délai. . . . . 11 mois.

Y a-t-il motif d'accuser les Ministres du Roi de retard ! Et pourrait-on exiger, toutes choses supposées égales d'ailleurs, qu'ils rendissent,

» Voilà nos calculs, voilà l'état des choses, tel que
» nous l'apercevons *après moins de trois mois*, à travers
» les brouillards et l'obscurité des temps qui nous ont
» précédés. Nous ne vous donnons que des évalua-
» tions ; c'est lorsque nous aurons administré, que
» nous devrons vous présenter des Comptes, et justi-
» fier de leur exactitude.

» Nous ne sommes pas responsables des désordres
» du Gouvernement précédent ; et nous ne nous
» flattons pas d'avoir pu, *en trois mois*, en reconnaître
» l'étendue, lorsque le besoin de les réparer appelait
» nos premiers soins. »

Les *Observations supplémentaires*, ajoutées après la
publication du Rapport du Ministre des Finances,
offrent plusieurs articles nouveaux.

La première *observation* sur 1810 et 1811 serait peu
importante en elle-même, si elle ne renfermait une
erreur singulière, détaillée avec complaisance.

Le Ministre des Finances du Roi présente l'exercice
1810 comme balancé.

Cet exercice a fait bien plus, dit l'anonyme ; *il a
fourni un excédant de recette de 7,768,545 francs, lequel,
appliqué à 1811, couvrira le déficit de 6,302,414 francs :
ainsi double erreur.*

J'ouvre le dernier Compte de l'ancien Ministre,

Observation
inexacte
sur
10 et 1811.

---

en trois mois, des Comptes pour lesquels il a été accordé aux Ministres
de *Buonaparte* jusqu'à *dix-huit-mois !*

État C, page 12, exercice 1811, et j'y remarque cet article :

Recette (Décret du 15 janvier 1812). *Sommes rentrées* . . . . 8,556,000 fr.

Cette énonciation est énigmatique ; mais je me rappelle avoir lu, dans quelque Compte antérieur, que le Décret du 15 janvier 1812 avait ordonné de porter à 1811 les excédans de recette de 1810. Ces excédans sont donc portés en recette pour une somme supérieure au calcul de l'anonyme ; qui n'a pu deviner cette énigme, ou qui en a perdu le mot.

Il est donc vrai de dire que l'exercice 1810 est balancé, et qu'il n'y a plus rien à en espérer pour atténuer le déficit de 1811.

L'anonyme veut bien nous assurer que les *Centimes extraordinaires n'ayant été demandés qu'à cause de la guerre, cette perception aurait naturellement cessé à la paix.*

Est-il assez imprudent !

Quel est le garant de sa parole ! A-t-il emporté le secret du Ministère ! et s'il avait lu dans la pensée de son maître, n'y aurait-il pas vu tout le contraire ! Je ne partage ni les espérances ni les regrets de l'anonyme sur les douceurs dont la paix impériale nous eût fait jouir.

Les centimes extraordinaires avaient été demandés, parce que l'Espagne, parce que l'Allemagne refusaient leurs tributs, parce que les dépenses de la guerre, retombées à la charge de la France, excédaient ses revenus. Si l'on peut supposer que *Buonaparte* eût consenti à réduire ses armées à deux cent mille hommes, on pourra croire que les centimes extraordinaires auraient été supprimés ; mais si l'on suppose qu'il eût voulu conserver seulement quatre cent mille hommes sous les armes en France, au moment où, par la paix, l'Europe aurait cessé d'être tributaire, il aurait été indispensable de maintenir toutes les contributions extraordinaires, et nécessaire de les accroître. Une augmentation continuelle de charges était la seule perspective que le dernier Gouvernement offrît aux contribuables.

Déjà le Ministre des Finances du Roi propose de réduire de 81,581,000 francs la charge imposée en 1814 par les Contributions directes sur les quatre-vingt-six Départemens, et l'on se hâte de déclarer que *Buonaparte* aurait fait bien davantage. On déplace la comparaison : on nous apprend qu'en 1812, dont il n'est pas question, les Contributions extraordinaires n'existaient pas ; mais on n'ajoute pas qu'alors les armées françaises couvraient l'Europe, et n'étaient pas à la charge des Finances.

Quelle est donc cette augmentation dont on nous épouvante, et dont je paierai ma part ! Il y a, dit-on, 26 centimes d'augmentation.

On aurait dû en déduire 3 centimes ajoutés au fonds de non-valeurs et de dégrèvemens : ils seront rendus aux contribuables ; le Trésor n'en profitera pas.

Reste 23 centimes sur la contribution foncière, et 34 sur la contribution mobilière : ces centimes produiront environ 45 millions.

Voilà donc cette surcharge dont on prétendrait nous effrayer, et sur laquelle on chicane le Ministre : c'est-là ce qu'il en coûtera à trente millions de Français, pour être soulagés à jamais des contributions extraordinaires et arbitraires, des dons volontaires et des réquisitions ; pour être délivrés pour toujours de la conscription, de la guerre ; pour en réparer tous les malheurs ; pour satisfaire tous les Créanciers de l'État ; enfin pour échapper aux fers de la tyrannie, et vivre libres et heureux sous le meilleur des ROIS.

Mais cette augmentation, pour la plus forte partie, n'est qu'apparente. La Loi prononce la suppression de tous les centimes additionnels imposés illégalement dans beaucoup de Communes et de Départemens, et laissés en dehors des Budgets. La contribution directe, augmentée en apparence parce que le Budget renferme tout, est très-peu augmentée en réalité parce que l'on ne laisse rien hors du Budget.

Cette augmentation prétendue n'est pas sans compensation : les Contributions indirectes seront diminuées d'une somme bien supérieure à celle que le Ministre demande de plus sur les contributions directes. Déjà le tarif des Douanes est réduit des cinq sixièmes sur presque tous les objets, et les matières premières en sont exemptes. Le tarif des Droits réunis va recevoir des

Diminution des Contributions indirectes.

adoucissemens ; et, sans attaquer l'importante question de la prééminence des contributions directes ou des contributions indirectes, on peut dire, avec vérité, que la diminution des unes donne plus de moyens pour payer les autres, sur-tout quand la diminution en somme est plus que double de l'augmentation. Or le Ministre qui demande en apparence 45 millions d'augmentation sur les contributions directes, abandonne en réalité, aux quatre-vingt-sept Départemens, plus de 100 millions sur les contributions indirectes, puisqu'il les estime à 130 millions, tandis qu'elles produisaient sous *Buonaparte* près de 300 millions.

On accuse le Ministre des Finances du Roi d'avoir dépouillé les anciens exercices de leurs ressources, pour enrichir le service courant. Il est facile de vérifier quels sont ces prétendus restans à recouvrer. Je renvoie le lecteur au Compte de 1812 : ce serait se défier de son discernement et lui faire injure, que de détailler et expliquer ces non-valeurs évidentes ; il les appréciera d'après leur simple énonciation.

Les seuls produits réels retirés des anciens Budgets, sont les Coupes de Bois et les Ventes des Biens des Communes.

Les Coupes de Bois qui avaient été attribuées à 1813 par le Budget, sont celles appelées par l'Administration des Forêts, *coupes de l'ordinaire de 1814;* les adjudications n'ont été terminées, l'exploitation n'a été commencée, les traites des adjudicataires n'ont été souscrites et remises aux Receveurs généraux qu'en 1814; ces traites échoient et sont payables les 31 mars, 30 juin, 30 septembre et 31 décembre 1814: ce produit, par son origine, par les époques de sa rentrée et par ses échéances, appartient donc à 1814 (1).

Les Ventes des Biens des Communes, ou ne sont pas effectuées, ou ne sont pas réalisées. Ce produit ne rentrera au Trésor que pendant les années 1815, 1816, 1817, et peut-être plus tard.

L'ancien Gouvernement n'a pu affecter ces produits à 1813, 1812 et 1811, qu'en renversant l'ordre naturel et par une véritable anticipation, déterminée par le besoin d'enfler les Budgets courans ou arriérés aux dépens des années à venir. C'est encore une source d'inexactitudes à reprocher aux *Budgets impériaux*.

Faire cesser ces fictions et ces anticipations, ce n'est point dépouiller les anciens exercices ; c'est revenir aux principes et au bon ordre, c'est restituer à chaque année les produits qui lui appartiennent naturellement par leur origine et par la date de leur rentrée au Trésor.

La dernière *observation* a attiré mon attention ; c'est encore une accusation contre l'exactitude du Ministre

Ni des Ventes
des Biens
communaux.

Exagération
de
201 millions.

---

(1) L'anticipation que le Ministre fait cesser, remonte à l'exercice 1806, auquel on a attribué deux coupes de bois : la coupe terminée et payée en 1806, qui lui appartenait ; et celle terminée et payée en 1807, qui appartenait à 1807. Cette anticipation s'est perpétuée d'année en année. Le Ministre des Finances, en la faisant cesser, restitue à chaque année la coupe qui lui appartient naturellement.

des Finances du Roi, un reproche d'injustice. Le Ministre cite textuellement le Compte de 1812, duquel il résulte qu'à l'époque où il fut arrêté, l'exagération dans la valeur présumée des biens communaux mis en vente avait été de 206 millions, plus de moitié. Et parce que, pendant les neuf mois suivans, 5 millions de nouvelles découvertes ont réduit l'exagération à 201 millions, on crie à l'injure, à la calomnie! Je passe condamnation sur ces 5 millions, qu'un autre pourrait contester : je ne veux pas chicaner ; mais on ne peut refuser à ce prix de reconnaître une exagération définitive de 201 millions. C'est bien assez sur une estimation de 370 millions.

Je ne puis être de l'avis de l'anonyme sur la légèreté avec laquelle il ajoute à la valeur des prises de possession, 23 millions pour les bénéfices à réaliser, même sur les biens restés à l'étranger. Le Ministre des Finances, plus prudent, ne compte que les bénéfices réalisés ; il porte les ventes restant à faire pour 68,450,000 francs, au prix de l'estimation. Si j'en juge par les ventes faites dans mon Département, on aurait pu dire que l'ancienne Administration avait vendu les plus beaux et les meilleurs biens; que les trois quarts de ceux restant à vendre étaient contestés, ou avaient été mis plusieurs fois en vente, et n'avaient pas trouvé d'acquéreurs, malgré la réduction autorisée du cinquième de l'estimation. Le Ministre des Finances du Roi me paraît donc avoir raison de ne calculer aucun bénéfice; et il aurait été fondé à annoncer que la perte sur les biens restant à vendre pourrait diminuer ou absorber le bénéfice obtenu sur l'élite de ces biens vendus les premiers.

. J'ai oublié de faire remarquer une singulière *obser-*
vation. Le Ministre des Finances porte *intégralement* en recette les *Contributions directes ordinaires :* l'anonyme le saisit sur le fait; il copie une phrase, et reproche de l'exagération à cette estimation. Qu'il veuille bien lire la phrase suivante, *page 23*, et l'État n.° 5 : il y verra *que les Contributions extraordinaires ne sont portées QUE POUR MÉMOIRE; que cependant le Ministre en attend, dans les Départemens restés intacts, des recouvremens suffisans POUR COUVRIR LES NON-VALEURS sur les Contributions ordinaires dans les Départemens ravagés.*

Ces non-valeurs sont donc prévues, et elles seront couvertes.

Je ne reviens pas de ma surprise; je m'écrie avec l'anonyme, mais avec plus de motif : *Je laisse à juger de quel côté se trouve ici l'inexactitude ou la bonne foi. Il ne m'a pas fallu faire un volume pour reconnaître et montrer tout ce que ces étranges* observations *renferment d'inexactitudes.* Je regrette qu'elles n'aient pas éveillé mes craintes et provoqué mes vérifications sur d'autres points; mais, ayant trouvé l'anonyme en défaut sur les articles les plus importans, comme sur les moindres détails et sur les simples citations, il me semble que le Rapport du Ministre des Finances du Roi sort victorieux de cette épreuve, et que ma confiance doit s'en accroître, en attendant l'épreuve plus sérieuse à laquelle je vais bientôt le soumettre.

RÉFLEXIONS

DE M. *GANILH*

Sur le Budget des Recettes.

———

Un autre antagoniste s'est présenté, et s'est nommé. M. *Ganilh*, ex-Tribun ; auteur de deux ouvrages sur l'économie politique, a publié des *Réflexions sur* ou plutôt *contre le Budget de 1814*. Il critique et blâme tout sans exception.

Je voudrais aborder avec gravité l'auteur de quatre gros volumes sur l'économie politique : quel respect ne lui dois-je pas, moi qui, depuis que je m'occupe de l'étude de cette haute science, n'ai pas osé écrire une seule ligne, et qui, pour la première fois, livre au public quelques pensées jetées à la hâte sur le papier !

Avec les meilleures intentions, avec des vues étendues, au milieu de pensées justes et profondes, les doutes continuels, les calculs hasardés, les plans chimériques, les projets intempestifs de M. *Ganilh* ont souvent déconcerté ma gravité, et fait de fréquentes diversions à l'admiration qu'il m'a quelquefois inspirée, à l'estime qui, même dans ses égaremens, lui est toujours due.

Son système est curieux, et l'analyse en est facile : Inscrire, bon gré malgré, l'Arriéré sur le Grand-livre, pour le bonheur des Créanciers et pour mériter leurs bénédictions ; réduire ou même supprimer les Contributions directes, et rayer ainsi 340 millions de recette, pour enrichir le Trésor et faciliter le service ; omettre l'enregistrement, les postes et la loterie ; doubler, tripler les droits réunis et les douanes ; établir de nouvelles Contributions indirectes, pour favoriser la richesse et la félicité, et pour répondre aux vœux des peuples.

Cette analyse, toute plaisante qu'elle est, est rigoureusement exacte, et vaut presque une réfutation.

M. *Ganilh* répand ses doutes sur tout, même sur ses propres principes ; il ne fait grâce de ses critiques qu'à ce qu'il oublie : heureusement il oublie beaucoup.

Son ouvrage est intitulé, *Réflexions sur le Budget de 1814;* et dans ses *réflexions,* il n'y a pas un seul mot sur le Budget de l'année 1814. M. *Ganilh* ne s'occupe que du Budget de l'*année 1815,* et des moyens de paiement pour l'Arriéré. Il oublie entièrement, comme je l'ai dit, la régie de l'enregistrement, la loterie, les postes, auxquelles rien de ce qu'il dit n'est applicable. Ces omissions sont sans doute l'effet de la précipitation, presque obligée dans un travail qui doit tirer son principal mérite de l'à-propos. C'est sans doute aussi à cette cause qu'il faut attribuer plusieurs erreurs que je releverai, et plusieurs phrases obscures et contradictoires que je ne releverai pas, parce que, travaillant également sous l'empire de la précipitation, j'ai besoin de la même indulgence.

Le Ministre espère, et tout homme qui aura étudié et compris ses plans partagera cette espérance, qu'en 1815 les revenus de la France excéderont ses dépenses; mais cette heureuse situation ne sera atteinte qu'après avoir raffermi le Crédit public en assurant le paiement de tous les Créanciers, qu'après avoir traversé l'année 1814 (par-dessus laquelle M. *Ganilh* saute à pieds joints), et qui offre l'effrayant aspect de 520 millions de recettes pour subvenir à 827 millions de dépenses : l'excédant de revenu sur 1815 n'est pas encore assuré; il ne pourra être obtenu que par la fidélité envers les Créanciers de l'État, et s'ils ne sont pas sacrifiés à de petites vues ou à des projets mal digérés.

Il omet 1814 et son déficit.

M. *Ganilh* effleure une grande question; celle de la prééminence des Contributions indirectes sur les Contributions directes : nous ne nous engageons pas dans cette discussion inopportune en ce moment. Quelle que soit, sur ce point, l'expérience de nos voisins, qui semble décisive; quels que soient les conseils d'une saine théorie, il faut prendre les choses dans l'état où elles sont. Les Contributions indirectes, quoique favorables à l'accroissement de la richesse, sont repoussées en France par l'opinion la plus générale, et le peuple en maint endroit est en révolte contre elles. Certes, le moment serait mal choisi pour les augmenter

Les Contributions indirectes sont incertaines et impopulaires.

et les multiplier : elles n'offriraient qu'une ressource plus que précaire.

Les Contributions directes, au contraire, se recouvrent par-tout avec facilité et à peu de frais ; elles sont dans les habitudes du peuple et des propriétaires.

L'Enregistrement marche d'un pas toujours égal, et, à chaque mutation des propriétés, prend sa part des capitaux qui changent de mains ; mais les particuliers qu'il atteint rarement, isolément, lorsqu'ils recueillent un avantage ou lorsqu'ils font une opération agréable ou utile, ne songent pas à lui résister, et ne peuvent lui soustraire qu'une partie de ses droits.

Le Ministre, en fondant son Budget sur les Contributions directes et sur l'Enregistrement, les seules contributions dont les produits soient certains, me paraît avoir fait un acte de sagesse, quels que soient d'ailleurs ses principes en matière de contributions. Il m'aurait effrayé, il aurait mérité le reproche de novateur indiscret, il aurait détruit tout crédit et compromis le service de l'État, s'il eût adopté le plan de M. *Ganilh*, s'il eût renversé les revenus certains pour se fier à des innovations.

Il ne me paraît ni avoir adopté le système outré des économistes sur l'imposition unique, parce qu'il conserve les Contributions directes ; ni avoir renoncé aux Contributions indirectes, parce qu'il ne leur demande que ce qu'elles peuvent produire sans vexer et soulever les peuples. On pourrait tout au plus conclure de cette louable réserve, qu'il n'a pas encore indiqué son système à l'égard des Contributions, qu'il conserve tout ce qui est utile, qu'il ne détruira qu'avec prudence, qu'il attend les conseils de l'expérience, qu'il prépare avec lenteur des améliorations sans dangers.

Que M. *Ganilh* se rassure donc ; qu'il attende : tout ne doit pas être exécuté en trois mois, sous peine de n'être jamais fait. Un Budget ne doit pas être un traité d'économie politique. Un homme d'état qui veut mériter cette haute qualification, ne substitue pas étourdiment et brusquement, sans nécessité, ses plans, ses projets, ses idées, aux longues habitudes de l'Administration, à la routine des contribuables ; il respecte jusqu'aux préjugés utiles ; il sait qu'une contribution payée sans murmure, quelque anti-économique qu'elle puisse être, vaut mieux pour le Trésor que celle qu'il s'agit d'établir.

Je veux rassurer M. *Ganilh* sur un article important. *Nous n'avons*, dit-il, *pour payer la totalité des Contributions de 1814, et les trois quarts de celles de 1815, que la récolte de 1814.* Où a-t-il vu que la récolte de 1813 fût consommée en entier ! On n'a pas encore entamé celle de 1814, et cependant personne n'est mort de faim : les magasins, les marchés, regorgent de blé ; ils suffiront à tous les besoins. La récolte de 1815 ne sera pas ajournée jusqu'au mois de décembre, et pourra aider aussi au paiement des Contributions des derniers mois de 1815.

Les récoltes de 1814 et 1815 concourront au paiement des Contributions.

Un mot sur une petite erreur :

Les Contributions directes de 1811 étaient, dit M. *Ganilh*, de.................... 304,950,000^f

Il faut y ajouter, et il oublie, environ 100,000,000, pour les Centimes additionnels aux Contributions directes portés aux fonds spéciaux, et pour les Contributions directes de la Hollande, des Départemens anséatiques, de l'Illyrie, dont les revenus sont portés à des chapitres particuliers dans le Budget de 1811, et n'ont été fondus dans les chapitres généraux qu'en 1812. Cette rectification doit changer quelque chose aux comparaisons, aux calculs et aux conséquences présentés dans les *Réflexions*.

M. *Ganilh* va jusqu'à craindre que le *pivot* du Budget ne se brise ; il ne voit, dans le Budget proposé, aucun remède à cet inconvénient ; il lui faudrait un *pivot* de rechange et deux Budgets. Qu'il se rassure, le *pivot* du Budget ne se brisera pas ; nous n'avons plus à craindre ni l'invasion, ni la famine, ni la peste : ce ne serait pas au Ministre des Finances à prévenir, à détourner ces malheurs. Nous avons de plus sûrs garans de sécurité dans la sagesse, dans la haute prévoyance du Monarque que le Ciel nous a rendu tout exprès pour nous préserver de ces maux.

DE LA LIQUIDATION

ET DU PAIEMENT DE L'ARRIÉRÉ.

Lorsque M. *Ganilh* émet son opinion sur la libération de la Dette exigible, il attaque les Créanciers de l'État bien plus que le Budget ; il veut que tout ce qu'on leur doit, soit forcément converti en Inscriptions sur le Grand-livre ; il prétend qu'ils doivent se trouver trop heureux de recevoir 60 à 70 pour cent au plus de leurs créances, et beaucoup moins certainement ; car qui sait où s'arrêterait le discrédit, si l'on créait tout-à-coup 40 millions de nouvelles Rentes, en ne leur promettant qu'un fonds d'Amortissement de 32,500,000^f hypothéqué sur un surplus de revenu incertain et éloigné, et qui ne pourrait commencer à agir que dans dix huit mois !

La Consolidation forcée, proposée par M. Ganilh,

D'après les principes du Crédit public, on ne doit payer en Rentes, ou emprunter sur des Rentes, *qu'en les donnant au cours*. De long-temps nos préjugés ne permettront une pareille opération ; on l'appellerait un scandale. Notre Crédit, dans son état actuel, ne pourrait peut-être pas la supporter. Mais il supporterait encore moins une Consolidation forcée ou une inscription générale de l'Arriéré avec un fonds modique

Est injuste pour les Créanciers et destructive du Crédit.

d'Amortissement *incertain et éloigné, qui ne pourrait commencer à agir que dans dix-huit mois ;* jusque-là, le discrédit serait extrême et sans remède.

Le paiement en Cinq pour cent consolidés ne sera juste et praticable que lorsque la Rente aura atteint le pair ; on ne peut y parvenir qu'en relevant le Crédit : tel me paraît être l'objet des Moyens extraordinaires.

Je puis me tromper, mais il me semble que l'on peut considérer les Moyens extraordinaires comme un fonds considérable d'Amortissement destiné à rétablir le Crédit et à rendre à tous les Effets publics, même aux Cinq pour cent consolidés, leur valeur nominale et originaire ; afin que ces derniers puissent alors devenir, ou un moyen juste de conversion des Obligations, ou, avec les 300,000 hectares de forêts, un moyen facile d'emprunt pour obtenir à l'intérêt de cinq pour cent les fonds nécessaires au remboursement des Obligations à huit pour cent ou la réduction de cet intérêt.

Les Obligations du Trésor royal ne me paraissent qu'une *mesure provisoire,* un *moyen transitoire de parvenir avec honneur,* sans dommage pour les Créanciers et librement de leur part, *au but* vers lequel des Administrateurs inexpérimentés se seraient précipités à travers la honte et les malheurs inséparables d'une *Banqueroute.* Tant il est vrai que c'est beaucoup moins la différence des moyens que la différence des manières d'en user qui, dans l'administration comme dans la guerre, dans tous les rangs, dans toutes les classes, distingue l'homme habile !

Les vues qui précèdent sont, j'en conviens, hasardées, et elles anticipent sur les développemens qui vont suivre : le lecteur doit suspendre son jugement.

Quant à ceux qui prêchent l'inscription forcée de la Dette exigible sur le Grand-livre, sans chercher à les élever jusques aux considérations qui précèdent, où ils ne voient qu'une complication inutile, parce que leur intelligence n'a pu les pénétrer, je leur répondrai : Si vous croyez ne devoir aucun ménagement aux Créanciers de la Dette exigible, devriez-vous envelopper dans la même ruine tous les Créanciers inscrits, et faire retomber sur eux le discrédit qui résulterait d'une création forcée et illimitée de Cinq pour cent consolidés ! Combien je préfère la proposition du Ministre, qui a ménagé tous les intérêts, respecté tous les droits, et dont les plans, dès qu'ils ont été connus, ont amélioré le capital de tous les Créanciers inscrits et non inscrits !

Ce sort que vous réclamez pour nous comme une faveur, on nous l'accorde : c'est la condition la moins favorable qui nous soit offerte ; si nous la préférons, elle nous est assurée. Pourquoi voulez-vous empêcher le Ministre des Finances de faire mieux que vous n'auriez fait !

Il ne peut faire trop ; il ne fait même pas assez, puisqu'il ne paie pas comptant des créances exigibles :

nous acceptons avec reconnaissance les dédomma-
gemens qu'il nous offre, *les espérances qu'il nous laisse
entrevoir*, et nous repoussons votre zèle pernicieux qui
veut nous en priver.

M. *Ganilh* parle de prendre pour base du paiement de l'Arriéré les crédits fixés par *Buonaparte.* Que
veut-il dire ? S'agit-il des 1,150 millions et des 1,245
millions de crédits fixés pour 1813 et 1814 ? Qu'ont-
ils de réel ? Qu'ont-ils de commun avec l'Arriéré
actuel ? Que signifie même une fixation pour l'Arriéré
des dépenses d'un Gouvernement qui n'est plus, de
Ministres qui ont cessé leurs fonctions !

Les fixations de crédits sont nécessaires pour le
service courant, parce qu'il faut poser des limites que
les Ministres ne puissent franchir sans en démontrer la
nécessité, ou sans en être responsables ; mais pour un
Arriéré dont le montant n'est pas connu, et qui ne peut
être augmenté, une fixation de crédit est inutile et
dangereuse : inutile, parce qu'il faut payer tout ce qui
est dû ; dangereuse, parce qu'elle peut faire craindre
une insuffisance.

M. *Ganilh* veut rétablir les Commissions de liquidation, dont le nom seul nous épouvante à trop juste
titre. Il accorde plus de confiance à des Liquidateurs
qu'à des Ministres, comme si les Ministres ne devaient
avoir ni assez d'autorité ni assez de lumière pour
prévenir et réprimer les abus. Il voudrait, dans un
Budget, dans une Loi, voir un réglement de discipline

pour les bureaux ; il ne croit les abus possibles que dans les bureaux des Ministres. Qu'il accorde aux Ministres du Roi plus d'estime ; qu'il leur suppose de la capacité et de la probité : les inconvéniens qu'il prévoit disparaissent, les craintes qu'il se forge sont dissipées.

DE L'ÉMISSION
ET DU RACHAT DES OBLIGATIONS.

M. *Ganilh* ne met pas de terme à ses alarmes; il ne s'arrête pas devant les plus odieuses suppositions; et de conséquence en conséquence, dominé dans tout le cours de ses *réflexions* par son ardente imagination, il est enfin emporté au-delà de toutes les bornes. Il voit *le danger le plus imminent pour le Roi, pour l'État,* dans une mesure de Crédit qui n'a d'autre but et ne peut avoir d'autre résultat que le salut et le paiement des Créanciers. Il voit le *Ministre armé de 200 à 300 millions, faisant tête à tous les joueurs, les ruinant, les enrichissant à son gré; s'emparant de la fortune publique, des fortunes particulières; inquiétant le Monarque sur son trône; introduisant la corruption parmi les Représentans du peuple; s'emparant de la puissance royale; et donnant des Lois à la France!!!*

Ce ne sont pas là des raisonnemens, mais des déclamations, des hyperboles, auxquelles il me serait facile d'en opposer de semblables. Je n'insisterai pas sur ce que de telles suppositions ont d'odieux pour les Représentans, et pour le Souverain, auquel, afin de faire tomber tout cet échafaudage, il suffit de supposer le courage nécessaire pour remercier le dangereux Ministre. Je n'irai pas étaler, aux dépens de M. *Ganilh,* le pompeux éloge d'un Roi qui, en nous inspirant l'admiration, ne nous commande que la reconnaissance et l'amour. Je supposerai que cette garantie supérieure à toutes les autres n'existe pas , et je chercherai dans la nature même des opérations le gage de notre sécurité.

Ces 200 ou 300 millions ne seront pas dans la main du Ministre, en un seul jour ; ils ne seront recouvrés qu'en trois ou quatre ans. Il n'y aura donc que 50 à 75 millions au plus , chaque année, à la disposition du Ministre des Finances, qui dispose de tous les fonds du Royaume. Il disposera donc de 670 ou 700 millions, au lieu de ne disposer que de 620 millions ; il aura sous la main 5 à 6 millions de plus par mois, ajoutés à 80 ou 100 millions que doivent former les recettes courantes et les fonds de réserve du Trésor dans le cours accoutumé. Que voit-on là d'extraordinaire ou de dangereux ?

Les Moyens extraordinaires seront recouvrés successivement

Si le Roi peut sans danger ; s'il doit nécessairement, qu'il y ait danger ou non, confier à un seul homme l'administration des Revenus de son Royaume, ne peut-il pas , sans imprudence, y ajouter l'administration d'une somme égale au douzième, ou au huitième au plus, de ces revenus ? Savons-nous, d'ailleurs, quelles mesures d'exécution et de précaution seront prescrites par le Roi et proposées par le Ministre ? Devons-nous supposer qu'il n'en sera pris aucune ? Et faut-il qu'une Loi, sous peine d'être déclarée incomplète, soit un Réglement d'administration qui entre dans tous les détails, ne se repose de rien sur le Pouvoir exécutif, ne lui laisse aucune latitude, ne lui suppose aucune prévoyance, aucune sagesse ? Je suis loin d'applaudir à l'exemple dont M. *Ganilh* se vante avec tant de complaisance. Je vois, dans cette résistance qu'il rappelle, un tort réel, parce qu'elle était superflue et qu'elle n'a eu que de fâcheuses suites ; et parce que le système qu'il proposait en l'an 9, ne valait guère mieux que celui qu'il repoussait.

Dangers d'une Opposition intempestive. (Août 1814.)

Il nous faut une Opposition éclairée et modérée, ni inquiète, ni ombrageuse ; elle n'a pas besoin de courage. Il ne faut pas que l'ardeur de se produire, de se populariser, que le plaisir de critiquer les Ministres, la manie d'opposer des projets à leurs projets, provoquent des résistances intempestives ou inutiles : je ne suppose pas qu'il puisse en exister d'injustes et de mal fondées. Il faut profiter de l'expérience et des leçons du malheur, en usant sagement de la liberté de parler et d'écrire, que nous avons pu craindre d'avoir perdu sans retour. *Il ne faut pas nous armer contre notre Roi de son propre bienfait.* N'oublions pas que l'Opposition, en France, sera long-temps placée entre l'Anarchie, qu'appellent les vœux impuissans et sacriléges des restes de nos agitateurs et de nos bourreaux, et entre le Despotisme, que trop de préjugés rappellent, que trop de gens sollicitent, et qui, contre les efforts d'une aveugle et imprudente Opposition, serait notre plus sûr refuge.

On déclare que *la création des Obligations du Trésor*

royal introduira l'agiotage le plus scandaleux ; mais depuis vingt-cinq ans, mais de tout temps, mais en ce moment même, ce que vous entendez par agiotage n'existe-t-il pas, si vous qualifiez ainsi le commerce des Effets publics et des Créances sur l'État!

Il ne s'agit pas de créer 759 millions de créances, elles existent ; mais seulement de les convertir en Obligations du Trésor royal, payables à trois ans de date.

Les créances sont incertaines, sans valeur fixe ; les porteurs sont à la merci de l'agiotage le plus obscur et le plus destructif : il n'a pas d'autres bornes que les besoins des Créanciers de l'État et l'avidité des agioteurs. Toute la question se réduit donc à savoir si l'on augmente cet aliment assuré à l'agiotage, si l'on détériore les créances, en leur donnant une échéance certaine, en y attachant un haut intérêt, en leur ouvrant le Grand-livre comme un asile.

M. *Ganilh* n'a trouvé, dans les souvenirs de son érudition financière, que des dangers imaginaires, dont la seule différence des temps, des lieux, des hommes et des opérations, doit nous préserver. Les exemples qu'il cite ne m'ont pas effrayé et n'effraieront personne. Éclairé par mon intérêt particulier, il me semble qu'il n'y a, dans la création des Obligations du Trésor royal, qu'avantage pour les Créanciers.

Le Ministre, en offrant aux Créanciers des Obli-gations à trois années, a succinctement expliqué ses motifs. Il reconnaît qu'*il aurait dû payer comptant en*

L'Émission des Obligations ne crée ni les Créances ni l'Agiotage.

Elle améliore les Créances, et diminue l'Agiotage.

numéraire ; il ne le pouvait pas. Il a cherché des moyens de paiement ; il en a trouvé d'assurés , mais éloignés. Il a donné aux créances des échéances fixes , qui lui laisseront le temps de réaliser ses moyens.

Le danger le plus pressant et le plus réel qui menaçât les Obligations du Trésor royal , et qui pouvait les anéantir dès leur naissance, était le discrédit. Examinons si le Ministre a vu ce danger , s'il lui a opposé des obstacles, s'il a pris des précautions suffisantes.

Il rend les Obligations convertibles en Rentes cinq pour cent consolidés. Déjà *il est impossible que leur cours puisse être au-dessous de celui des Cinq pour cent consolidés.* M. *Ganilh* seul , certainement, prétendra que les Obligations perdront plus que les Inscriptions. Qu'il nous explique comment 108 francs , avec la faculté d'échange , vaudront moins que 105 francs. Quant aux Créanciers, ils peuvent regarder les Obligations du Trésor royal garanties contre un cours moins élevé que celui des Cinq pour cent consolidés.

Le Ministre a , si je puis m'exprimer ainsi , placé une pierre sous la roue du char qui portera la fortune des Créanciers de l'État ; il ne peut plus, sur la pente glissante du Crédit public, rétrograder, et il en prend une force singulière d'ascension.

La Dette exigible, qui flottait incertaine, acquiert, sans perdre son caractère d'exigibilité , une valeur assurée et une échéance fixe ; par un habile artifice, elle est liée au sort de la Dette inscrite, sans influence fâcheuse sur cette Dette.

L'arbre antique et révéré de la Dette perpétuelle, qui a résisté à tant d'orages politiques, qui, trop souvent mutilé par la hache du discrédit, n'a jamais perdu tout principe de vie, et se montre en cet instant plein de sève et de vigueur, protégera de son ombre tutélaire les nouvelles Obligations, toujours prêtes à être entées sur ses branches.

Il ne faut pas croire que les 759 millions de créances, lors même qu'elles seraient liquidées, ordonnancées et payées en Obligations, en un seul jour, viendraient à-la-fois se précipiter sur la place. Ceux qui témoignent une pareille crainte et qui croient y remédier en faisant inscrire l'Arriéré, montrent bien de la légèreté et de l'irréflexion.

Les Cinq pour cent consolidés ne pourraient-ils donc pas être jetés sur la place comme les Obligations, et n'éprouveraient-ils pas le même discrédit ? Il ne peut être ni plus dangereux d'émettre, ni plus difficile de soutenir des Obligations à échéances fixes avec intérêt à huit pour cent, que des Inscriptions à cinq pour cent.

Si l'affluence à la Bourse des valeurs représentant l'Arriéré était à craindre, ce ne serait pas y remédier que de convertir l'Arriéré en Inscriptions ; car peu importe que la place soit surchargée d'Obligations ou d'Inscriptions : en changeant le nom, on ne change ni les causes ni les effets.

Le Ministre prévoit que quelques-uns des porteurs d'Obligations du Trésor royal ne pourront pas attendre l'échéance des trois années : il ne veut pas les abandonner ; il leur promet de venir à leur secours avec les fonds qu'il aura pu rassembler.

Il sait qu'il est impossible de régler les recouvremens sur les échéances des paiemens ; qu'on ne peut, sans danger et sans perte , laisser accumuler , jusqu'aux échéances des Obligations , les fonds recouvrés et destinés au paiement de l'Arriéré : il demande que la Loi ordonne l'emploi immédiat des sommes recouvrées, et qu'elle détermine la forme de cet emploi.

Le remboursement anticipé, faveur pour quelques-uns, serait une injustice pour le plus grand nombre ; la répartition proportionnelle entre tous serait impraticable. Il reste un seul moyen d'emploi des fonds ; c'est le Rachat ou l'Amortissement au cours de la place. Le Ministre propose de l'adopter : il y voit de nombreux avantages ; je vais examiner s'ils sont réels.

Le Ministre annonce hautement ce que tous les Gouvernemens font sans le dire ; il déclare que, dès qu'il aura des fonds libres, il rachetera sur la place les Obligations qui seront librement portées au marché.

Cette intervention du Ministre des Finances à la Bourse doit-elle être autorisée ! Est-elle à craindre ou à desirer pour les Créanciers de l'État, et quel sera son effet !

Cette publicité, que le Ministre veut donner à des opérations ordinairement enveloppées du mystère le plus profond, me plaît, parce qu'elle me paraît le plus sûr garant qu'il ne veut ni tromper ni abuser de sa puissance contre les Créanciers, et qu'il n'aura jamais la sacrilége pensée d'en abuser contre son Maître.

Avantages de sa publicité

Bien plus, il me semble que, par cette publicité même, par le devoir auquel il se hâte de se soumettre de rendre des Comptes au ROI, à la Chambre des Députés, à la Chambre des Pairs, il appelle sur lui toutes les surveillances; il se met, il place ses successeurs dans l'heureuse impossibilité d'abuser jamais de la faculté qu'il ne demande que parce qu'il la juge nécessaire pour le succès de l'opération et pour le bien-être des Créanciers.

Il n'est pas besoin de discuter la question de savoir *si un Gouvernement a le droit de racheter ses engagemens au cours de la place.* Ce droit est maintenant généralement reconnu, et généralement exercé à l'égard de la Dette inscrite ou perpétuelle; pourquoi ne l'appliquerait-on pas à la Dette exigible et remboursable à échéance, laquelle, exposée plus que toute autre aux chances des événemens et aux oscillations de la Bourse, a besoin de plus de secours! Pourquoi le Gouvernement ne ferait-il pas le profit qu'un particulier peut faire! Pourquoi ne ferait-il pas tourner à l'avantage de l'État un bénéfice que chaque individu peut recueillir sans blâme et sans honte!

Le Rachat public est légitime.

Le Ministre demande donc une autorisation dont il me paraît n'avoir pas besoin ; car qui songerait à lui faire, après l'exécution, un crime d'avoir libéré l'État avec bénéfice, sans avoir exercé aucune violence envers les Créanciers , sans avoir détourné un denier à son profit personnel !

Il est avantageux au Crédit et aux Créanciers.

Le Ministre va plus loin ; il prétend que le Rachat est favorable au Crédit, profitable à tous les Créanciers, à ceux qui veulent négocier leurs Obligations comme à ceux qui préfèrent attendre les échéances. Est-ce une illusion qui le trompe, ou cherche-t-il à nous surprendre !

Le Rachat, nous dit le Ministre , *aurait une heureuse influence sur le cours , et, en le bonifiant, augmenterait, au profit des porteurs et dans une proportion parfaitement égale pour tous , la valeur des Obligations encore en circulation.* Je crois entendre sa pensée, et je me hasarde à la développer.

Chaque Rachat satisfait les porteurs les plus nécessiteux, enlève de la place des Obligations qui seront annullées ; il diminue et la masse des Obligations et la foule des porteurs empressés de les réaliser. Par l'effet ordinaire sur tous les marchés, moins la denrée abonde et moins il se présente de vendeurs, plus le prix s'élève au profit de ceux qui attendent pour vendre et plus il se trouve de gens qui veulent attendre ou prendre la place de ceux qui ne peuvent attendre; alors *les fonds particuliers et les capitalistes viennent au soutien des fonds publics et au secours des Créanciers de l'État.* Cette combinaison est simple, d'une application générale et journalière : elle n'a rien de nouveau, même dans son application aux fonds publics ; c'est précisément ce qui en fait le mérite, parce que la confiance qu'elle inspire est fondée sur l'expérience. Continuons d'examiner les effets de cette combinaison appliquée aux fonds publics.

Le Trésor, devenu un acheteur obligé et présent à la Bourse ; d'une main, satisfait les porteurs par un achat actuel, ou les rassure, les encourage par la certitude d'un achat prochain à volonté ; de l'autre, il menace, il intimide, il contient la foule renaissante de ces vampires publics, de ceux qu'on peut, à juste titre, flétrir du nom d'agioteurs, toujours prêts à se jeter sur le malheureux Créancier de l'État pour se partager ses lambeaux ; hommes vils et justement méprisés, qui basent leurs calculs sur les faux bruits qu'ils inventent et qu'ils sèment, sur la corruption qu'ils répandent autour d'eux, et qui, sans aucun risque, en vendant ce qu'ils ne possèdent pas, en achetant ce qu'ils ne pourraient payer, s'efforcent d'établir leur odieuse fortune sur la misère publique et la ruine générale.

Pour ceux-là seulement, la présence du Trésor à la Bourse est à craindre. Ils doivent redouter de le voir à tout instant préparé à renverser leurs plans, à tromper leurs calculs criminels, à déconcerter leur prudence ténébreuse : ils ont déjà découvert ce danger ;

4..

ils s'agitent pour le détourner. Qu'ils tremblent ! S'ils continuent leurs manœuvres, une ruine certaine pour eux, la fixité du Crédit public, le salut des Créanciers de l'État, seront leur châtiment.

Desirable pour les vrais Capitalistes.

Mais gardons-nous de confondre avec les agioteurs la classe estimable et puissante des vrais capitalistes et des banquiers. Propriétaires d'une fortune réelle, lentement acquise par une honorable industrie, ou héritée de leurs pères, ils vont chercher dans les fonds publics des bénéfices légitimes, utiles à eux-mêmes sans doute, mais plus utiles encore aux Créanciers de l'État et au Crédit public. Ces vrais capitalistes ne peuvent craindre la présence du Trésor à la Bourse ; ils doivent la desirer, puisque *l'intervention du Trésor a pour objet de maintenir le Crédit public*, sur lequel leur fortune est appuyée, *et de relever le cours des fonds* dont ils sont ou veulent devenir propriétaires.

Diminuera l'Agiotage.

Cette présence du Trésor à la Bourse, si mes vœux ne me font pas illusion, *tend à donner de la fixité au Crédit, à annihiler l'influence des agioteurs, à en diminuer le nombre*, et peut-être à en convertir quelques-uns ; *elle doit appeler à la Bourse les vrais capitalistes et ceux des pays étrangers*, qu'un invincible effroi a jusqu'ici éloignés de cette mer orageuse, semée d'écueils inconnus et mouvans, célèbre par ses naufrages et en tout temps couverte de débris.

Fera cesser la thésaurisation,

Il faut que le calme y renaisse pour que les capitaux français, arrachés à une stérile thésaurisation, et les capitaux étrangers, amenés par la certitude de profits sans hasards, y affluent de toute part, et répandent une abondance qui secondera à-la-fois le Crédit public et les entreprises particulières.

De telles vues sont grandes et nobles : elles me paraissent mériter l'assentiment de tous les amis éclairés du bien public. Cependant nous n'avons fait qu'entrevoir un des effets du Rachat de la Dette ; nous n'avons pas observé le pouvoir vraiment prodigieux de l'Amortissement.

Il peut, dans le cours de plusieurs années, survenir des circonstances indépendantes des Administrateurs, qui attaquent, et, malgré leurs efforts, affaiblissent le Crédit public.

Le Ministre des Finances ne *s'en flatte* pas, comme on l'a faussement imprimé ; mais il a dû prévoir ces chances fâcheuses : il a dû préparer les moyens d'empêcher ce mal ou d'y remédier. Y a-t-il pourvu ?

Le danger est peu probable, éloigné, nul peut-être.

Et le moyen de salut est déjà préparé : nos yeux débiles n'ont pu l'apercevoir, et nous l'avons calomnié !

Il se trouve dans le Rachat même.

Plus le discrédit momentané serait grand, plus aussi le Rachat aurait de pouvoir pour ressusciter rapidement le Crédit ; car plus le cours des Obligations du Trésor royal s'abaisserait, plus aussi la somme destinée aux achats absorberait d'Obligations, plus elle en diminuerait la masse, plus elle soulagerait efficacement la place.

La résistance diminuant, et le poids s'allégeant par chaque achat, tandis que la puissance d'attaque et la force motrice restent les mêmes, il est impossible de ne pas concevoir une époque où *la balance s'établira, ne fût-ce que lorsque le fonds d'Amortissement égalera, au cours de la place, la Dette flottante.*

Avec un fonds d'Amortissement SUFFISANT ET FIDÈLEMENT APPLIQUÉ à sa destination, on n'a point à craindre une baisse prolongée ni excessive. L'existence de ce fonds et la certitude de ses effets suffisent pour rassurer la plupart des propriétaires de la Dette.

Dette flottante.

Même dans les momens les plus critiques, la masse de la Dette ne vient pas au Rachat; on ne voit sur la place que la partie de la Dette qui reste flottante au gré des inquiétudes ou des besoins.

C'est seulement avec cette faible partie de la Dette que le fonds d'Amortissement doit se balancer par le cours ou par le Crédit. Il est impossible que cet équilibre ne s'établisse pas très-promptement; et à l'instant même, du sein d'un discrédit éphémère, le Crédit renaîtra plus ferme et plus durable.

Amortissement composé.

Remarquez qu'il ne s'agit ici que du Rachat simple, puisque les Obligations rachetées doivent être annullées. Que serait-ce, si nous essayions d'exposer les effets de l'Amortissement composé, qui s'accroît des intérêts des fonds rachetés, et qui attaque avec toute la puissance d'une progression géométrique croissante une progression arithmétique décroissante?

Le résultat infaillible de cette combinaison inspire aux Créanciers une telle sécurité, qu'assurés de trouver à volonté leur remboursement, *ils cessent de le demander et même de le desirer : ils vont jusqu'à le craindre ;* et par cette lutte entre le fonds d'Amortissement qui poursuit avec obstination ses Rachats, et les Créanciers qui s'en défendent, *le Crédit de l'État* s'élève au plus haut point : il *atteint,* il *surpasse le pair.* La force de cet effet moral devance et surpasse celle de l'effet physique : les plus salutaires résultats du remboursement sont anticipés ; par un prodige qui paraîtrait incroyable, s'il n'était pas sous nos yeux, *le poids de la plus énorme Dette semble accroître le Crédit ;* chaque année la Dette augmente ; sans que le Crédit en soit altéré, sans que le remboursement soit moins assuré ; *chaque année, le terme de ce remboursement est rapproché.*

Ces principes et ces résultats étant fondés sur la nature des choses, sont, comme ceux des sciences exactes, applicables dans tous les lieux, dans tous les temps ; ils n'attendent dans chaque pays, pour produire leurs étonnans et salutaires effets, qu'une tête hardie qui ose les proposer, et une main habile qui sache les mettre en œuvre.

C'est-là le ressort magique des Finances et du Crédit colossal de l'Angleterre : il n'est pas caché ; depuis long-temps ce n'est plus un secret ; la découverte en appartient à la France : on en a beaucoup parlé, beaucoup écrit ; bien peu le comprennent et l'estiment tout son prix ; on le dédaigne , et nous en attendons la première application.

Le Ministre des Finances du Roi n'ose pas proposer encore *un plan d'Amortissement* pour la Dette inscrite ; il témoigne assez qu'il ne trouve ni nos Finances ni nos connaissances mûres pour cet établissement, qui *ne doit être ni un essai passager, ni une expérience incertaine, mais un monument inébranlable*, éternel, dont il faut poser les fondemens sur le roc, avant d'entreprendre de l'élever.

Cependant, en creusant la pensée qu'exprime le Ministre , en approfondissant ce qu'il nous montre de ses projets, n'y découvririons-nous pas l'espoir salutaire, le germe fécond de cet Amortissement ! Des conjectures, des vues à cet égard seraient indiscrètes et prématurées ; bornons-nous à l'examen du Projet soumis à la discussion.

Il me paraît démontré que *le Rachat peut être légalement autorisé, qu'il est nécessaire* pour ne pas laisser oisifs et exposés au détournement les fonds recouvrés avant les échéances des Obligations, *pour renverser l'agiotage, soutenir le cours des Obligations du Trésor royal, fixer le Crédit ou le relever* dans toutes les chances des événemens, et pour *accélérer et faciliter la libération du Trésor, en assurant le salut des Créanciers de l'État.*

Devons-nous renoncer à tous ces avantages devant l'odieuse et gratuite supposition qu'un Ministre pourrait être infidèle ! Ce serait pousser trop loin notre sollicitude ; ce soin ne nous regarde pas. Laissons au Roi le choix de ses Ministres ; reposons-nous sur lui du soin de découvrir et préférer les hommes intègres et capables de seconder ses vues et d'exécuter ses projets pour le bonheur de ses peuples.

Repousser un plan sous le seul prétexte qu'il ne se trouvera pas un homme en état de l'exécuter, serait un éloge sublime, si ce n'était pas un paradoxe. Ce qu'un homme a conçu, il peut l'exécuter ; il doit même demander que l'exécution lui soit réservée, pour que *ses conceptions ne périssent pas, inutiles ou nuisibles, entre des mains maladroites ou malveillantes.*

La théorie de l'Amortissement et la démonstration de ses effets sont abstraites et paraîtront obscures à beaucoup de lecteurs, malgré les efforts que j'ai faits pour être clair et pour rendre mes idées en quelque sorte palpables, par l'emploi d'images sensibles et de figures familières : mais les Créanciers de l'État, les habitués de la Bourse, les capitalistes, me comprendront ; les agioteurs, sur-tout, m'entendront à demi-mot.

DE LA FIXATION DE L'INTÉRÊT.

Huit pour cent d'Intérêt attaché aux Obligations.

IL me reste à examiner une question non moins importante que celle que je viens de traiter. Le Ministre des Finances propose d'attacher *huit pour cent d'Intérêt* aux Obligations du Trésor royal. Quelque sûr qu'il soit de ses principes, il est curieux de voir avec quelle réserve il présente cette innovation : il ne l'appuie pas de tous ses motifs, il néglige les plus forts ; il ne montre que ceux-là seulement qu'il sait se rapprocher le plus des opinions communes, et être à la portée du plus grand nombre.

La même réserve ne m'est pas imposée : je puis sans danger, puisque je suis sans influence, essayer de chercher dans ce que dit le Ministre ce qu'il n'ose ou ne doit pas exprimer. Il m'est permis d'exposer ce qu'il a dû penser pour arriver à la mesure qu'il propose, et de développer ce qu'il m'a fait penser, au risque de m'égarer dans des routes peu fréquentées, loin des préjugés et des routines.

Objections et reproches contre cet Intérêt.

Quelles objections n'ai-je pas entendu élever contre cette proposition neuve ! Donner huit pour cent d'Intérêt, c'est, a-t-on dit, pervertir la morale ; consacrer l'Usure ; enlever les Capitaux au commerce, à l'industrie, à la culture ; procurer la ruine des particuliers pour éviter celle des Créanciers de l'État.

Ces reproches (1) seraient graves , s'ils étaient fondés ; ils méritent toute notre attention. Ils doivent trouver leur confirmation ou leur réfutation dans la véritable théorie de l'Intérêt. Je vais l'exposer telle que je la conçois.

Qu'est-ce que l'Intérêt ?

Existe-t-il un Intérêt légal ?

L'examen des Lois rendues, des ouvrages et des opinions publiés sur cette matière , exigerait des volumes ; le temps qui me presse, me force de renfermer dans quelques pages la discussion de ces deux grandes questions , auxquelles se rattachent tant d'intérêts politiques et sociaux. Je suis dans la nécessité de présenter, dénuée de la plupart de ses motifs, la théorie qui me paraît la meilleure, d'en négliger les principales conséquences, et je suis exposé à paraître, faute de développemens, offrir des opinions contestées pour des principes reconnus.

Qu'est-ce que l'Intérêt des fonds prêtés, autrement appelé l'*Escompte ?*

L'Intérêt n'est autre chose que *le prix du loyer des Capitaux* (2) *représentés par de l'or ou de l'argent,* et

Théorie
de l'Intérêt.

---

(1) Je dois dire que je ne trouve ces reproches ni dans les *Observations* ni dans les *Réflexions* auxquelles j'ai répondu.

(2) La théorie des *Capitaux* devrait précéder celle de l'*Intérêt.* Il

Quelques idées
sur la théorie
des Capitaux.

dont le propriétaire cède l'usage ou la possession pour un temps, en se réservant la propriété.

---

faudrait, pour faciliter l'intelligence de ce qui va suivre, définir ce qu'on doit entendre par *Capitaux*, et remonter à leur formation.

Je dirai seulement que *les Capitaux sont une création que la nature abandonne à l'industrie, au travail de l'homme en société.*

Dans un pays inhabité ou peuplé de sauvages épars, il n'existe ni Capitaux ni propriétés ; la terre et toutes ses productions sont sans valeur. *A l'instant où les hommes se réunissent,* où ils commencent leur travail, où ils en conservent et s'en garantissent mutuellement les fruits, la Société commence, la propriété naît, *les Capitaux se forment;* ils se grossissent de toutes les économies ou excédans de la production sur la consommation; *ils se composent de tous les objets qui ont subi le travail de l'homme, et qui en ont conservé des résultats utiles,* tels que les terres cultivées, les maisons, les denrées, les approvisionnemens, les instrumens, les vêtemens, les métaux, &c.

Ces objets ne sont pas les Capitaux mêmes ; mais tous indistinctement représentent les Capitaux : *ils sont leur forme sensible.*

Les Capitaux ne sont pas ces objets ; mais ils leur donnent toute leur valeur : *ils en sont l'ame.*

Tout ce qui attaque ces objets et en altère la valeur, *détruit les Capitaux et blesse la Société dans sa richesse, dans son but;* et au contraire, *tout ce qui* élève la valeur de ces objets et *augmente les Capitaux, accroît la richesse et seconde le but de la Société.*

Par ces motifs, les Gouvernemens ne peuvent assez respecter *les Capitaux, qui constituent la richesse et la puissance des Sociétés, lesquelles n'existent que pour les Capitaux et par les Capitaux. Les Banqueroutes détruisent les Capitaux;* c'est un des motifs pour lesquels les Gouvernemens ne doivent jamais faire *Banqueroute.*

Que de conséquences utiles à la Société et au bonheur des hommes ces principes féconds ne pourraient-ils pas nous fournir ! Comme, de la hauteur à laquelle ils élèvent la pensée, ils la font planer sur les préjugés populaires, ils jugent avec infaillibilité la conduite des Gouvernemens injustes et turbulens, découvrent leurs erreurs et signalent leurs fautes ! Et *quelle gloire vraie et méritée ils distribuent aux Gouvernemens fidèles et pacifiques !*

Ces Capitaux, toutes les propriétés, ont une valeur intrinsèque et une vertu productive (1), dont les fruits appartiennent au propriétaire.

Le propriétaire des Capitaux est maître d'en conserver ou d'en céder l'usage.

S'il en conserve l'usage, il est maître d'en perdre les fruits par la thésaurisation; ou de les recueillir sans

L'Intérêt est le loyer des Capitaux.

---

(1) C'est une erreur très-répandue et partagée par plusieurs auteurs, que de prétendre que l'or, l'argent, les diamans, n'ont pas une valeur intrinsèque. *Leur valeur*, comme celle de tout autre produit de la terre et de l'industrie, *se compose du loyer des Capitaux, du prix du temps, de l'industrie, et des consommations employées pour les obtenir, pour les approprier à l'usage, et pour les apporter au consommateur.*

L'or, l'argent et les diamans ont une valeur intrinsèque,

Cette valeur se modifie sur le marché, par l'abondance ou la rareté, par les offres et par les demandes; et elle est la mesure des Capitaux que les métaux représentent.

C'est encore une erreur très-répandue, que de regarder l'or et l'argent réunis en Capitaux, comme stériles : *tous les Capitaux sont productifs*, ou, plus exactement, *les Capitaux seuls sont productifs;* c'est d'eux que tous les objets à l'usage de l'homme reçoivent leur valeur et tirent leur vertu productive. *L'or et l'argent* sont, il est vrai, stériles de leur nature; mais ils possèdent seuls l'admirable faculté d'être à volonté échangés contre toutes les propriétés productives : ils *ont* ainsi *une vertu productive générale*, parce qu'elle n'est pas spéciale; et *illimitée*, puisqu'*elle n'a d'autres bornes que l'habileté du propriétaire, du possesseur ou locataire*, et qu'elle dépend de l'échange qu'il en saura faire.

Et une vertu productive.

C'est par suite de cette vertu singulière, que *les Capitaux, source intarissable de richesses pour les hommes habiles, restent stériles entre les mains des hommes inhabiles, et s'y détruisent.*

La différence de l'emploi que chacun peut faire *des Capitaux*, est une des causes de la différence du prix que chacun peut donner *pour leur loyer.*

La théorie de l'Intérêt que j'expose, est, dans toutes ses parties, appuyée sur de pareilles considérations. Je suis dans la nécessité de les négliger entièrement.

partage, en faisant fructifier lui-même ses Capitaux, en les appliquant à la culture ou au commerce, à ses risques et périls.

Si *le capitaliste* préfère céder l'usage de ses Capitaux, il *est libre dans le choix de son* locataire ou *emprunteur; et maître de fixer le prix qu'il prétend y mettre*, c'est-à-dire, *de régler l'Intérêt*, l'escompte, le loyer *qu'il en demande.*

Ici nous rencontrons l'Intérêt légal, c'est-à-dire, la prétendue fixation de l'Intérêt que la Loi permet au capitaliste d'exiger, et la fixation réelle de l'Intérêt que les Tribunaux doivent prononcer.

Arrêtons-nous un instant sur cette question ; car, je n'hésite pas à le dire, s'il peut exister un Intérêt légal, les adversaires du Budget ont raison, et on ne doit pas accorder huit pour cent aux Créanciers de l'État : il ne reste aux partisans du Budget qu'une pitoyable réponse, sans réplique, il est vrai, de la part de leurs adversaires ; c'est de soutenir que l'autorité qui a fait la Loi, peut la modifier.

Les Lois et les Gouvernemens ont plusieurs fois autorisé un Intérêt plus élevé que le prétendu Intérêt légal de cinq pour cent.

Les premiers Emprunts furent faits en Angleterre à huit pour cent, et n'empêchèrent pas l'Administration de parvenir promptement à emprunter à quatre pour cent et au-dessous.

En France, des Édits de nos anciens ROIS, et notamment de Henri IV, autorisent ce taux de huit pour cent. Dans ces derniers temps, les Lois des 6 frimaire et 27 ventôse an 8 avaient fixé l'Intérêt des Cautionnemens versés à la Caisse d'Amortissement à dix pour cent ; la Loi du 9 frimaire an 9 fixait encore cet Intérêt à sept pour cent.

A une époque plus récente, la Loi du 24 avril 1806 a accordé sept pour cent d'Intérêt sur les Bons de la Caisse d'Amortissement dont elle autorisait la création.

En dernier lieu, le Décret du 18 janvier 1814 a suspendu l'exécution de la Loi du 3 septembre 1807, qui fixait l'Intérêt légal à cinq pour cent, et à six pour cent en matière commerciale. Ce Décret a accordé la faculté de stipuler, jusqu'au 1.er janvier 1815, un Intérêt plus élevé ; en sorte qu'en ce moment aucune Loi ne s'oppose à la fixation d'un Intérêt de huit pour cent.

Mais des exemples ne sont pas des préceptes et ne peuvent servir de base à des principes. Cherchons des considérations et des motifs plus dignes du législateur et de l'homme d'état.

La Loi n'a jamais réglé, le législateur n'a jamais cru, si ce n'est dans les temps de délire, avoir l'autorité de fixer le prix des baux et des loyers, les bénéfices des manufacturiers et des négocians (1), c'est-à-dire, le revenu que les propriétaires retirent de leurs *Capitaux représentés par des terres, des maisons et des mar-*

______

(1) Dans les grandes Villes, on fixe le salaire des ouvriers, mais par mesure de police, pour empêcher les troubles et les violences ; c'est une exception dont on ne peut rien conclure.

chandises. Pourquoi donc la Loi s'arrogerait-elle le droit de régler le revenu que les propriétaires retirent de leurs *Capitaux représentés par de l'or et de l'argent!*

La fixation de l'Intérêt est une usurpation sur le droit de propriété. Je place la Loi qui fixe l'Intérêt légal à côté de la Loi du *maximum ;* elles reposent sur le même principe, ou plutôt sur la même erreur, sur le même abus de l'autorité ; elles consacrent la même injustice, la violation de la propriété ; elles introduisent les mêmes désordres, la mauvaise foi, la fraude ; elles causent les mêmes maux, le renchérissement, la disette des propriétés qu'elles frappent.

Novateur audacieux, s'écrie-t-on, dans votre coupable imprudence vous renversez l'antique barrière de l'Intérêt légal : qu'y substituerez-vous ! Voyez l'Usure, de tout temps contenue par cette sage institution du Législateur, s'élancer sur la Société, et contemplez ses ravages.

L'Usure ! fléau destructeur qui s'attache aux Sociétés dès leur naissance, retarde leurs progrès et accélère leur décadence, suite ou cause de presque tous les malheurs publics et particuliers, et contre lequel les Législateurs et les Tribunaux ont fait de tout temps d'impuissans efforts, parce qu'ils n'avaient pas la mission, parce qu'ils n'avaient pas la puissance de le réprimer.

Le résultat de tous leurs soins a été, par ces soins mêmes, d'accroître le mal, au lieu de le diminuer. Vainement, dans leurs inutiles poursuites contre un desordre dont la répression n'était pas de leur ressort, ils ont, oubliant que leur autorité n'est armée que contre la fraude et le vol, annullé les engagemens les plus librement consentis, protégé la mauvaise foi par tous les moyens mis en leurs mains pour faire respecter la foi des contrats, et favorisé de toute leur puissance les débiteurs contre les Créanciers; l'Usure, malgré la prévoyance du Législateur et le zèle ardent des Magistrats, a été rarement atteinte : triomphante, elle a continué ouvertement son infâme trafic, au moyen de quelques subterfuges que l'espoir inventif du gain lui a facilement fournis, et dont les officiers mêmes de la Loi ont été les instrumens. Dans les persécutions dont *l'Usurier* est devenu l'objet, dans la honte à laquelle il n'a pu échapper, il a su trouver une nouvelle source de profit; il *s'est fait payer, par ses victimes, le zèle de leurs protecteurs; il a vendu*, au poids de l'or, *son propre déshonneur* et un danger auquel il a su se soustraire.

Que la Loi, que les Tribunaux, instruits par une longue et constante expérience, cessent de poursuivre un monstre assez fort pour leur résister, assez habile pour leur échapper, et qui se rit de leurs efforts; qu'ils *cessent* d'aggraver le triste sort, *d'accélérer la ruine des malheureux qu'ils ne peuvent protéger* (1).

---

(1) Il faut distinguer de l'Intérêt légal, *l'Intérêt judiciaire* que la Loi et les Tribunaux doivent régler toutes les fois que les conventions sont muettes. Mais là se bornent l'autorité et le pouvoir des Législateurs et des Magistrats.

Intérêt judiciaire

Préservatifs
de l'Usure.

Les préservatifs sont placés à côté du mal : il ne faut que les laisser agir et n'en pas contrarier l'effet ; nous ne pouvons que les indiquer. Il faut rendre la probité aux emprunteurs ; accorder protection aux prêteurs et leur inspirer sécurité ; exciter la concurrence des capitalistes, les honorer, ne pas les confondre avec les usuriers ; provoquer la multiplication, l'abondance des Capitaux ; *il faut sur-tout l'exemple et l'influence irrésistibles de la fidélité du Gouvernement envers ses Créanciers.* Ces moyens simples sont plus efficaces pour réprimer l'Usure et mettre un frein aux Usuriers, que *les menaces et les persécutions,* qui *ne font qu'aigrir et propager ce mal incurable.*

Élémens
et régulateurs
de l'Intérêt.

Nous avons laissé le propriétaire des *Capitaux représentés par de l'or et de l'argent,* maître de fixer le loyer ou l'Intérêt qu'il lui plaît d'en retirer ; cherchons le régulateur de cet Intérêt, et, pour ne pas nous égarer, continuons d'observer la nature même des choses.

L'Intérêt étant de la même nature que les loyers des immeubles, que les profits du commerce, doit être fixé par les mêmes règles, et se composer des mêmes élémens.

Les loyers, les fermages, les profits du commerce et l'Intérêt se composent de trois élémens distincts :

Le *Profit naturel* des Capitaux ;

Une *Indemnité pour la réparation* des dommages résultant de l'usage ordinaire et de la force majeure ;

Et une *Prime d'assurance* contre les dangers qui peuvent provenir du fait du locataire ou emprunteur.

Le montant de *ces trois élémens réunis forme le prix total de toute location de Capitaux* ou des objets qui les représentent. La proportion dans laquelle chacun de ces élémens concourt à la fixation du prix total de location, est inconnue et variable. Nous chercherions inutilement à découvrir cette proportion, qui change à tout instant, suivant les probabilités et les chances des événemens actuels ou éloignés.

Ces trois élémens différens se retrouvent diversement combinés dans le prix des fermages et loyers des terres et maisons, et dans les profits du commerce. Cette démonstration nous écarterait de notre but. Recherchons seulement ces trois élémens dans le prix de l'Intérêt.

Le Profit naturel des Capitaux *ne se modifiant que par l'abondance ou la rareté, est peu variable dans l'Intérêt*, parce que *l'or et l'argent* sont, de toutes les propriétés, celles qui *se transportent* le plus *facilement où les appelle le besoin*.

Dans un temps de parfaite sécurité le PROFIT NATUREL formerait seul l'Intérêt. Ainsi, en Hollande, dans des temps de calme, de fidélité et d'abondance, le Gouvernement a emprunté à un et demi et deux pour cent par an, et ces emprunts se sont élevés au-dessus du pair.

L'Indemnité pour les réparations et dommages est ordinairement peu apparente et presque nulle sur *les*

Profit naturel.

Indemnité.

métaux précieux, qui sont inaltérables et n'*ont à subir que la lente réduction de valeur que la succession des temps leur fait constamment éprouver.* Cette *Indemnité* néanmoins existe dans le prix de l'Intérêt, et elle *devient très-élevée dans les temps et dans les lieux où l'on a à craindre une altération de monnaie, ou une émission de papier-monnaie, deux infidélités de même nature et également destructives.*

Prime d'assurance.

La Prime d'assurance contre les dangers que *l'infidélité et l'insolvabilité* possibles de l'emprunteur ou débiteur font courir aux prêteurs ou créanciers propriétaires des Capitaux, *est l'élément le plus variable du prix de l'Intérêt.*

C'est parce que *ce dernier élément de l'Intérêt n'a pas été bien connu,* c'est parce que *son influence n'a pas été appréciée,* que l'on a rendu tant de Lois funestes, tant de Jugemens iniques ; que l'on a publié tant d'opinions erronées et inconséquentes ; et que les Gouvernemens ont commis envers leurs Créanciers tant d'injustices, fait tant de *Banqueroutes* non moins funestes à l'État qu'aux Créanciers.

Application de cette théorie aux huit pour cent d'intérêt des Obligations.

Que l'on ne dise pas que la révélation de cette théorie de l'Intérêt est inutile ou dangereuse. Tous les hommes accoutumés à réfléchir en découvriront les utiles conséquences pour la richesse publique et particulière. Nous devons nous borner à montrer celles qui sont applicables au Budget qui nous occupe.

C'est, sans doute, parce que le Ministre des Finances

du Roi est pénétré de cette saine doctrine , qu'il se montre si empressé d'être fidèle aux engagemens de l'État , de promettre , d'assurer le paiement intégral des Créanciers et de leur donner un haut Intérêt.

Je retrouve dans les huit pour cent et le *Profit naturel et peu variable des Capitaux*, et, il faut bien l'avouer, puisque cela est vrai, *la Prime d'assurance et l'Indemnité des dommages et des dangers auxquels les Créanciers peuvent encore paraître exposés ; indemnité que l'État débiteur n'a ni le droit ni le pouvoir de régler*, et contre la fixation arbitraire de laquelle les Créanciers de l'État auraient le droit de réclamer ; *indemnité élevée par nos infidélités précédentes*, dont il faut subir la punition honteuse, mais salutaire, jusqu'à ce que nous ayons mérité d'en être soulagés par le Crédit renaissant.

Des Créanciers de l'État ont prétendu, non sans fondement, que cette Indemnité était insuffisante : on leur a répondu avec une raison apparente, qu'ils en avaient eux-mêmes réglé le taux par le cours des fonds publics, et qu'en leur accordant le même avantage, on leur rendait justice entière. Cet argument n'est pas sans réplique ; il repose sur un calcul incomplet, car *la Prime d'assurance* sur les Cinq pour cent consolidés est à-la-fois dans le taux de l'Intérêt et dans l'accroissement probable du Capital nominal.

Je rappellerai aux Créanciers de l'État que le Ministre a compris dans son plan la faculté du Rachat, dont la puissance réunie à celle du taux élevé des

Intérêts, permet d'espérer que *les Obligations attein-dront le pair, et s'y maintiendront.*

Que les Créanciers de l'État, que ceux mêmes qui blâment cet Intérêt de huit pour cent, détournent leurs yeux du moment présent et des désordres qui ont pré-cédé ; *qu'ils calculent l'impulsion donnée au Crédit public par les mesures proposées ; et qu'ils attendent.*

La portera au-dessus du pair.

J'aime à voir le Ministre des Finances du Roi porter plus loin ses espérances : sa juste confiance dans la puissance des moyens qu'il propose, lui fait craindre de dépasser le but, et de porter les Obligations du Trésor royal au-delà du pair ; il se réserve la faculté de réduire le taux des Intérêts, en offrant le remboursement.

Il prévoit que *le haut Intérêt et le Crédit feront sortir les Capitaux français de l'oisiveté* où les retenait la crainte des Banqueroutes, *et appelleront les Capitaux étrangers* qui n'osaient se hasarder sur un sol infidèle, toujours prêt à les engloutir.

L'abondance de ces Capitaux n'a d'autres bornes que celles qu'y placerait une parsimonie mal entendue ; leur séjour n'a d'autre terme que la durée de la fidélité du Gouvernement.

La résurrection, l'étendue, la solidité du Crédit public dépendent uniquement des mesures qui seront adoptées.

Admirons deux effets accessoires et surprenans du haut Intérêt combiné avec la faculté d'appeler les Obligations au remboursement et de réduire l'Intérêt.

Les Obligations des échéances les plus éloignées sont toujours celles qui ont le moins de faveur sur la place ; il fallait fortifier leur cours. Le Ministre y réussit ; car les plus longues échéances seront naturellement appelées les dernières au remboursement ; elles jouiront plus long-temps d'un haut Intérêt ; par conséquent, elles présenteront plus d'avantages et devront être préférées par *ceux qui desirent les plus forts profits*, c'est-à-dire, par tous *ceux qui achètent des fonds publics.*

Les Obligations les plus éloignées seront les plus recherchées.

Le Ministre fait plus pour les Créanciers ; il leur assure, par l'échéance fixe des Obligations et par le haut Intérêt, le moyen de se procurer les fonds qui leur seraient nécessaires, et *sans perte*, lors même que les Obligations ne seraient pas au pair.

Les Obligations peuvent servir de gage à des Emprunts.

Je suppose que lorsque mes créances seront ordonnancées, les Obligations perdent vingt pour cent, et que j'aie des besoins tellement urgens que je ne puisse attendre un cours plus favorable pour réaliser des fonds ; il est impossible qu'avec une valeur à trois années d'échéance, dont le paiement est assuré, je ne trouve pas un capitaliste empressé de me prêter sur ce gage, auquel je puis ajouter ma signature, les trois quarts de son montant et même plus. Je n'aurai à attendre l'échéance que pour le surplus.

Le capitaliste se contentera certainement, pour un prêt doublement garanti, de l'Intérêt de huit pour cent, attaché aux Obligations ; je n'aurai donc aucune perte d'intérêts. Je pourrai même emprunter à quatre, cinq, six ou sept pour cent, et j'aurai un bénéfice sur les Intérêts.

Tous les Créanciers pourront donc, grâce à l'Intérêt de huit pour cent et à l'échéance assurée, et *quel que soit le cours des Obligations, toucher comptant la plus grande partie de leurs créances ;* ils n'éprouveront de délai que pour la moindre partie ; ils n'auront à supporter aucune perte, même dans la position de crédit la plus défavorable que l'on puisse raisonnablement concevoir.

Accorder un haut Intérêt, inspirer toute sécurité, sont les combinaisons les plus puissantes pour ramener l'abondance des Capitaux, et par conséquent *pour procurer le bas prix de l'Intérêt* ou loyer que les propriétaires de cette espèce de Capitaux en exigent. Cet effet échappe à l'observateur inattentif ou superficiel : il lui paraît contradictoire avec la cause qui doit le produire ; mais il résulte également des principes les plus sûrs et de l'expérience la plus incontestable.

Les Capitaux qui fécondent le Crédit public, ne seraient-ils pas retirés aux entreprises particulières ? Je l'ai dit plusieurs fois : ils *seront enlevés à la thésaurisation ; ils seront appelés de l'étranger.* Ce serait ici le lieu de développer la distinction qui existe entre les Capitaux affectés aux entreprises particulières et ceux qui se dirigent vers les fonds publics. Je démontrerais facilement qu'ils forment deux classes entièrement séparées, qu'ils suivent deux routes différentes sans presque jamais se confondre ni se rencontrer ; mais cette démonstration, quoique inhérente à mon sujet, me menerait trop loin.

Je me bornerai à faire remarquer, et on ne pourra me contester, que *l'abondance du Trésor ne peut produire la disette des particuliers* ; que la promptitude, la multiplicité de ses païemens ne peut appauvrir ses *Créanciers directs*, les rentiers, les salariés de tous rangs et les fournisseurs, ni ses *Créanciers indirects*, c'est-à-dire, la masse générale des propriétaires, des cultivateurs, des ouvriers, des fabricans et des négocians, et que *tous*, au contraire, *profitent de cette fidélité, de cette abondance du Trésor.*

Le Ministre se réserve la faculté d'appeler au remboursement, et de réduire le taux des Intérêts ; c'est porter la prévoyance et l'économie plus loin que l'Angleterre, qui ne calcule jamais à quel taux elle emprunte, qui livre libéralement ses fonds publics au cours.

Offre de remboursement et réduction des Intérêts des Obligations.

Les ministres anglais semblent ne pas voir, ou dédaignent de calculer qu'en donnant, comme il y en a des exemples, des 3 pour cent consolidés à 48 pour cent, ils imposent à l'État une Dette nominale de 100 liv. sterl., lorsqu'ils ne reçoivent que 48 liv. sterl. Leur Dette, il est vrai, n'est pas remboursable ; mais ils la rachètent au cours par l'Amortissement : ils achètent en ce moment 70 pour cent, et ils ont payé jusqu'à

99 pour cent ce qu'ils avaient donné pour 48 pour cent (1).

Cette générosité est bien loin de notre parsimonie; elle paraît l'excès de la fidélité, et elle n'en est que l'accomplissement; elle semble grever, déshonorer les Finances, et elle assure leur libération, elle les honore par le crédit; on pourrait craindre qu'elle ne précipitât la ruine de l'État, et elle le sauve et l'enrichit.

Quand nous sera-t-il donné de pénétrer la profondeur de ces combinaisons, et de nous les approprier! Si nous ne pouvons les comprendre, admirons au moins leurs étonnans résultats, et ne calomnions pas, ne repoussons pas un modeste et timide essai qui doit nous arracher de la fange du discrédit, et faire cesser la honte et la misère dues à nos infidélités et à nos Banqueroutes multipliées.

______

(1) Il n'est pas nécessaire de faire sentir les différences essentielles qui existent entre cette vente publique et légale et la vente clandestine et illégale des Rentes de la Caisse d'Amortissement de France, faite, en mai et juin 1815, à des conditions encore plus onéreuses. *Voir* les *Observations et Éclaircissemens par un Créancier de l'État,* dans ce volume, *pag. 212 à 225.*

DE L'ÉVALUATION DE L'ARRIÉRÉ

ET DES MOYENS D'Y POURVOIR.

———

ON a minutieusement contesté les aperçus de l'Arriéré ; on a demandé quelle pouvait être la somme arithmétique des moyens extraordinaires , et si elle pouvait suffire au remboursement du montant nominal de l'Arriéré.

Le montant exact de l'Arriéré ne peut être encore connu.

Je ne m'abaisserai pas à ces vues étroites, à ces calculs rétrécis de gens qui ne peuvent ou ne veulent pas s'élever au-dessus des chiffres mensongers des *Budgets impériaux.*

Le Ministre des Finances du Roi me paraît avoir rempli son devoir, en admettant les aperçus des autres Ministres, en y joignant les siens et en les présentant comme des évaluations incertaines. Je ne cherche pas si les Ministres ont exagéré ; je ne le crois pas. Ce qu'il importe aux Créanciers de l'État, c'est que les Ministres aient annoncé le plus haut Arriéré possible, et qu'ils n'aient rien dissimulé. Ceux qui accusent les Ministres d'exagération dans leurs aperçus d'Arriéré, raffermissent la confiance des Créanciers de l'État ; et, pour qu'elle doublât, j'aurais voulu qu'ils accusassent le Ministre des Finances d'avoir atténué les évaluations

Il est évalué au plus haut.

du Budget des Recettes et la puissance des moyens extraordinaires.

C'est donc une question oiseuse et insoluble en ce moment, que la fixation du montant de l'Arriéré; il faut le payer en entier, quel qu'il soit, et, après le paiement, il faudra en présenter le Compte et le justifier.

Il me paraît également impossible de calculer le montant ou plutôt la puissance des Moyens extraordinaires compris dans le Budget : il faudra les mettre de niveau avec l'Arriéré ; mais ils peuvent sans inconvénient, ils doivent même, par leur nature et pendant quelque temps, varier suivant l'emploi qui en sera fait, et suivant les événemens.

Si tous les Créanciers de l'État préféraient *les Cinq pour cent consolidés ramenés au pair*, les autres Moyens extraordinaires deviendraient libres et pourraient fonder un Amortissement; s'ils prenaient tous des Obligations du Trésor royal, il serait possible, suivant la marche du recouvrement et du crédit, que le produit de la vente des Biens communaux et des 300,000 hectares de Forêts, et le surplus des recettes de 1815, ou ne fussent pas suffisans pour compléter le remboursement, ou lui fussent supérieurs. Enfin, un emprunt avantageux promptement réalisé, l'emploi simultané des ventes de Forêts, de l'émission et du rachat des Obligations et de l'Inscription volontaire et même du paiement en numéraire, peuvent, en combinant leurs effets, modifier les résultats de plusieurs manières : ces résultats échappent donc aux calculs de la prévision, mais il n'est nullement nécessaire qu'ils y soient soumis.

Si les moyens sont insuffisans, il en sera justifié, et il y sera pourvu ; s'il existe un excédant, la destination en sera réglée. Quant à présent, il suffit aux Créanciers de l'État que les moyens proposés puissent suffire aux besoins de la première année, pour soutenir le cours des Obligations, et que les intentions du Gouvernement ne laissent aucune incertitude sur le point seul essentiel, le remboursement intégral.

Les Créanciers de l'État ne peuvent jamais douter DU POUVOIR du Gouvernement pour les rembourser, puisque leurs créances sont dans une faible proportion avec la richesse et les revenus de l'État; ils ne peuvent douter que de la *volonté* du Gouvernement, et ils ont principalement besoin d'être tranquillisés à cet égard. Il faut écarter toute idée d'injustice et de contrainte : *il faut proclamer et prouver la VOLONTÉ, bien plus que les moyens de tout payer ;* c'est en cela, sur-tout, que le nouveau plan de Finances me paraît habilement conçu.

Les Gouvernemens annoncent presque toujours la volonté de payer ; le *Gouvernement impérial* nous avait appris à nous défier de ses promesses fallacieuses, renfermées dans ses Budgets imposteurs. Nous avions besoin, pour être rassurés, et pour voir renaître le

Crédit, de connaître la volonté d'un ROI honnête homme ; et celui qui a dit que nous ignorions le prix de cette qualité si précieuse dans un Souverain, a dit une grande vérité, dont toute l'étendue n'a peut-être pas été bien sentie.

Le Crédit, aussi honorable qu'utile à qui sait l'inspirer, porte également un ami, un inconnu, un étranger, à venir librement déposer et à laisser sans crainte le fruit de ses travaux, le gage de son aisance, de son repos, de son existence et de celle de sa famille, sa fortune, entre les mains d'un particulier ou d'un Gouvernement ; *le Crédit* se confond avec les plus nobles affections du cœur, l'amitié, l'estime, le respect, la confiance : véritable sentiment, *on ne peut lui commander. A la plus légère apparence de contrainte, au premier soupçon d'infidélité, il fuit pour long-temps.*

Après vingt-cinq ans d'infidélités, il fallait que le Budget respirât dans toutes ses parties, je ne dis pas seulement le desir, mais le besoin de payer : je vois cet empressement rassurant dans toutes les facilités, dans tous les avantages accordés aux Créanciers, dans l'Intérêt de huit pour cent, dans l'autorisation de vendre 300,000 hectares de Forêts et les Biens communaux, dans la faculté de faire un emprunt, dans les aperçus élevés de l'Arriéré, dans la modération des évaluations des Recettes, dans les économies considérables imposées aux Ministères.

Aucune crainte ne doit donc rester aux Créanciers

de l'État : ils ont été l'objet particulier de la sollicitude du Gouvernement dans la formation du Budget ; ils avaient des droits à ses premiers soins., par les services que leur dévouement a rendus à l'État, par la confiance qu'ils lui ont témoignée en le faisant dépositaire de leur fortune, en lui consacrant leurs travaux, et par les services qu'ils peuvent continuer de rendre et qu'ils s'empresseront sans doute d'offrir. *Assurer leur remboursement, ce n'est pas seulement une justice ; c'est aussi un calcul bien entendu.*

Le Gouvernement, en conservant la fortune de serviteurs utiles et dévoués, obtient leurs services, et il les obtient à des conditions de plus en plus favorables. Toutes les primes et indemnités ajoutées aux prix de tous les marchés contractés avec les Ministères, doivent diminuer rapidement ; toutes les avances exigées par les fournisseurs doivent cesser ; toutes les fournitures, toutes les entreprises, doivent coûter moins et être meilleures : *cette économie* sera considérable ; elle *tournera au profit des contribuables, dont le Gouvernement ménage les intérêts lorsqu'il s'occupe du sort des Créanciers.*

Et soulager les Contribuables.

Je ne puis me refuser à énoncer, mais sans en donner la démonstration, et pour ceux-là seulement qui sauront m'entendre, un effet surprenant de *la fidélité du Gouvernement.* Par cela seul qu'il ne détruit pas, il *semble créer les Capitaux que représente sa Dette, et il les fait servir au propre acquittement de cette Dette.*

Avantages de la fidélité du Gouvernement.

La Banqueroute publique n'est pas seulement une in-justice ; elle est une erreur, puisqu'elle refuse d'acquitter une Dette dont le paiement ne coûterait rien ni au Trésor, ni à l'État, ni aux Contribuables.

Si le Gouvernement eût refusé le paiement des 805 millions d'Arriéré, ce capital énorme aurait été détruit, et *les Créanciers directs et indirects de l'État et le Royaume même seraient appauvris*. Quelle reconnaissance ne devons-nous pas au ROI, dont un des premiers soins a été de conserver cette richesse à la France ! Car il ne faut pas croire que les *Créanciers directs* de l'État en profitent seuls : *une partie de ce capital et son revenu seront reversés sur la matière imposable, et contribueront à la féconder.*

Si les Créanciers de l'État sont plus riches, ils useront de leur aisance au profit de l'aisance générale ; ils *paieront leurs Créanciers* formant la classe innombrable des *Créanciers indirects de l'État.*

Un Gouvernement éclairé sait que *tout ce qu'il paye aux Créanciers de l'État profite aux Contribuables ;* que *leurs intérêts sont communs, inséparables ;* que tout ce qu'il enleverait aux Créanciers, que *tous les Capitaux détruits par la Banqueroute, seraient perdus pour tous, et perdus sans retour ;* que le renchérissement de toutes les fournitures, la détérioration des entreprises, l'augmentation des dépenses, en seraient les funestes conséquences, et *retomberaient sur les Contribuables en aggravation d'impôts.*

Toutes les classes de citoyens sont donc plus *intéressées* qu'on ne le croit, *à la fidélité du Gouvernement,* parce que *presque tous les habitans d'un Etat sont les Créanciers directs ou indirects du Gouvernement.*

Le discrédit frappe et détruit indistinctement toutes les natures de Capitaux et de Propriétés, tandis que le Crédit public les multiplie, les vivifie toutes, et en élève la valeur.

C'est ainsi que le plan de Finances proposé étend son influence bien au-delà des limites dans lesquelles il paraît circonscrit, et que les diverses propositions dont il se compose s'enchaînent, s'appuient et se fortifient mutuellement; de telle sorte qu'en supprimer ou en modifier une seule, ce serait s'exposer à déranger tout le plan et à manquer le but.

LE ROI a fait connaître sa volonté; le Ministre des Finances a présenté ses plans : on les a aussitôt attaqués avec autant d'injustice que de légèreté. *Conclusion.*

Mu par le seul desir du bien public, entraîné par l'ardent amour des hautes vérités sur lesquelles reposent les fondemens de la Société, j'ai cru devoir user, pour énoncer mon opinion, de cette liberté de la presse qui permet également de blâmer et de louer, d'attaquer et de défendre les plans des Ministres et les ouvrages des particuliers. J'ai réfuté avec force, et sans ménagemens pour leurs erreurs, des écrivains qui me sont inconnus. J'ai, en présence de l'opinion publique, soumis toutes les parties du Budget à la discussion la plus sérieuse et la plus indépendante ; je crois y avoir trouvé toutes les preuves desirables de fidélité, tous les motifs de confiance.

Le Budget doit subir l'épreuve de la discussion à la Tribune, et il lui manque la sanction des deux Chambres. Elles sont composées d'hommes recommandables par tous les genres de mérite. Défenseurs éclairés des droits des peuples, et appuis inébranlables du Trône, ils savent que *le premier devoir, le plus sûr garant de la stabilité des Gouvernemens, est la justice envers tous.* Ils connaissent les droits sacrés des Créanciers de l'État ; ils sont aussi nos Représentans. Ils s'empresseront de consolider la sécurité et le bonheur que les plans proposés nous promettent.

Combien j'ai négligé de développemens favorables au système du Crédit ; et combien, si le temps me l'eût permis, il eût été beau, il eût pu être utile de montrer *la RICHESSE PARTICULIÈRE et la RICHESSE PUBLIQUE formées et croissant l'une par l'autre, élever la RICHESSE GÉNÉRALE à un degré qui étonne l'imagination,* et que vainement nous envierons à nos voisins, tant qu'au lieu de les suivre dans les routes larges et faciles de la fidélité et du Crédit, nous persisterons à nous égarer et à nous enfoncer de plus en plus dans les sentiers tortueux et fangeux de la *Banqueroute!*

Qu'on ne vienne pas nous dire que le Budget présenté n'est que l'imitation mal déguisée des Budgets précédens ; qu'il n'offre rien de neuf.

L'invention est réservée à quelques génies rares et privilégiés, que la nature ne produit que de loin à loin ; et, après la découverte encore récente de la théorie et des étonnans effets du Crédit et de l'Amortissement, il est permis à l'invention financière de se reposer pour exécuter et pour jouir. C'est une assez belle tâche pour l'Administrateur, que celle d'accommoder à nos Finances, à nos préjugés, ces précieuses découvertes, que l'on repousse comme étrangères à la France, tandis qu'elles ne sont qu'inconnues.

Le plus souvent l'Administrateur n'a pas le choix des moyens ; et c'est sur-tout par la manière de les mettre en œuvre qu'il signale son habileté. Il faudra toujours parler de contributions directes et indirectes, de revenus, de recette et de dépense, d'ordonnances, d'évaluation, de comptes, de liquidation, &c., en un mot, de Budget provisoire et de Budget définitif. Ce n'est-là ni le difficile ni l'essentiel. Le point important, qui échappe aux esprits vulgaires, est dans la combinaison plus ou moins savante, suivant les temps, suivant les lieux, de ces mesures ordinaires dans tous.

Présenter des Budgets de recettes et de dépenses, des Moyens ordinaires et extraordinaires, sera l'inévitable devoir d'un Ministre des Finances de tous les siècles. Mais, dans les seules ressources de Finances épuisées par la guerre, énervées et déshonorées par tous les genres d'excès et d'abus, trouver de quoi fournir au Service courant et au paiement de l'Arriéré; *substituer un système de Crédit à un système de Banque- route, ce n'est pas plus se traîner sur les pas de l'ancienne Administration*, que ce n'est avoir imité le Gouvernement impérial que d'avoir substitué à un Corps législatif muet et impuissant, une Chambre des Députés libre et influante par les talens de ses membres autant que par les droits qui lui sont rendus et par ceux dont la défense lui est confiée; à un Sénat servile et déconsidéré, une Chambre des Pairs indépendante et qui a droit à tous nos respects.

Imiter ainsi, c'est créer.

Tous ces prodiges, dont nous sommes déjà ou dont nous sommes appelés à être les heureux témoins, ne sont l'ouvrage d'aucun Ministre. C'est assez pour leur gloire et pour leur bonheur, d'être les fidèles instrumens du Génie tutélaire, du Sauveur de la France et du Père chéri des Français.

O belle France! ô ma patrie, à quel avenir tu touches déjà! Quelles sources inépuisables d'abondance et de prospérité te sont ouvertes! O mes Concitoyens, quelle félicité, que de biens inappréciables nous sont acquis, si les désastreux projets d'écrivains sans mission sont repoussés; si les intentions libérales, si les projets généreux, magnanimes, du Monarque éclairé qui nous gouverne, sont entendus et accomplis!

UN CRÉANCIER DE L'ÉTAT.

POST-SCRIPTUM.

RÉPLIQUE AUX NOTES

EN RÉPONSE

À L'OPINION D'UN CRÉANCIER DE L'ÉTAT.

PENDANT l'impression de la seconde édition (août 1814), il a été distribué des *Notes* en réfutation de mon Opinion. L'auteur des *Notes*, en se qualifiant *ami de la vérité*, montre une colère fort plaisante dans des chicanes de chiffres, et un fanatisme édifiant, mais hors de saison, pour le culte des *Budgets impériaux :* il est furieux que j'aie osé renverser son idole ; il s'en déclare le grand-prêtre et l'apôtre. Il ne reconnaît de principes que ceux des *Budgets impériaux*, et il traite de *bévue* et d'*ignorance* tout ce qui s'en écarte le moins du monde. Cette salutaire doctrine est pour lui *la vérité* éternelle, dont il se dit *l'ami :* il y voit encore le fondement de toutes les Finances. Je lui fais l'honneur de croire que sa vue n'est si courte et si trouble que parce qu'il ne veut rien voir qu'à travers les *Budgets impériaux*. Il y prend tous ses raisonnemens, quand il daigne raisonner et faire trève aux injures qu'il prodigue avec une grossièreté insultante, qui dispenserait de tout ménagement dans la réplique.

L'ami de l'anonym se prosterne devant les Budgets impériaux.

Il est par-tout dupe de formes absurdes dont il ne sait pas apprécier les conséquences ; et de mots dont il ne comprend pas le sens ; il s'excuse par les ordres du Gouvernement et par les Lois, quand je blâme et le Gouvernement et les Lois qu'il fabriquait ; il défend les personnes, quand j'attaque le système. Tant que l'on se servira des expressions *Budget*, *recettes et dépenses*, il ne pourra voir la différence qui existe entre le *SYSTÈME IMPÉRIAL d'injustice, de pillage et de Banqueroute, et le système proposé de fidélité et de Crédit*.

Il se plaint que j'aie confondu les *Observations* de *l'anonyme* et les *Réflexions* de M. *Ganilh* dans la même réfutation, quoique j'aie répondu séparément à chaque ouvrage. Il ne voit rien de commun entre les deux auteurs. Il a raison sous quelques rapports ; aussi n'ai-je pas commis l'injustice de les confondre. Je croyais avoir assez hautement déclaré que je trouvais *aux excellentes intentions, aux vues étendues, aux pensées justes et profondes*, mais *hasardées et intempestives*, de M. *Ganilh*, une immense supériorité sur les chicanes de chiffres et de mots, sur les pauvretés et les inepties des *apôtres des Budgets impériaux*. Je dois renouveler cette déclaration pour la satisfaction d'un *ami de la vérité*.

Au dire de *l'ami de l'anonyme*, le Ministre des Finances n'est que le gardien des Fonds publics, et il n'en peut pas disposer, parce qu'il ne peut les ordonnancer ; comme si les caisses ne pouvaient être ouvertes que par des ordonnances ! comme si le Ministre des Finances n'avait pas l'administration de la totalité des revenus, et la direction de tous les fonds recouvrés et à recouvrer ! Il regrette l'utile précaution de renfermer les Valeurs à échéances dans une caisse à trois clefs ; et il ne se rappelle pas que les fonds de tous les Bons de la Caisse d'Amortissement et des Obligations des Receveurs généraux ont été consommés et ont disparu ; quoique ces Effets fussent fidèlement enfermés sous trois clefs.

J'ai dit que, *les armées ayant été détruites ou affaiblies, la France aurait pu suffire aux besoins de la paix*, si elle eût été faite à la fin de 1812 ; et plus loin, supposant le cas où les armées victorieuses et *entières* auraient été par la paix ramenées en France, j'ai dit *que leur retour suffisait pour causer le déficit et ôter les moyens ordinairement employés pour le combler :*

J'ai dit que les recettes et les dépenses des *Budgets impériaux* ne pouvaient être en équilibre par les seules ressources de la France ; et plus loin, que l'équilibre avait été rétabli par les contributions et le pillage de l'Europe :

L'ami de l'anonyme prend pour des contradictions des mots différens, exprimant des pensées différentes, quoiqu'en parfait accord. Quelle finesse d'intelligence !

Quant aux chicanes de chiffres, *l'ami de l'anonyme* renouvelle des calculs et des objections dont il n'a pas pu ou dont il n'a pas voulu comprendre les réponses, parce qu'il lui plaît de ne voir que la moitié des raisonnemens et la moitié des chiffres, ou parce que les réponses ont été prises hors des *Budgets impériaux*, dans des considérations générales qu'il ne comprend pas. *Il se flatte*, il est vrai, *de lire mieux qu'un autre :* mais il ne se pique pas de comprendre ; car, dans sa feinte modestie, il répète fréquemment *qu'il ne peut comprendre, qu'il n'est qu'un ignorant en Finances, qu'il n'a qu'une faible intelligence.* Qu'il prenne garde, on pourrait bien prendre au mot ces aveux ingénus autant qu'inutiles.

— Il nie, contre l'évidence, que l'équilibre des *Budgets impériaux* fut fondé sur le pillage de l'Europe, et, quelques lignes plus loin, il certifie que les *Budgets impériaux* n'auraient jamais éprouvé de déficit, si l'on eût continué de lever des contributions dans l'Italie, dans la Hollande, dans l'Allemagne, et d'en vendre les domaines, c'est-à-dire ; de piller ces pays. Quelle logique !

Il oublie Banqueroute de l'an 9.

Il soutient que les prétendues améliorations des Finances et l'équilibre des *Budgets impériaux* de l'an 8 à l'an 13 ne furent dues ni à la guerre, ni aux Banqueroutes ; et il oublie les victoires de ces années, qui portèrent et maintinrent nos armées en Italie et en Allemagne, l'effroyable *Banqueroute* de la Loi du 30 ventôse an 9, et l'établissement du Conseil général de liquidation par le Décret du 13 prairial an 10. Quelle mémoire !

J'ai dit que le Gouvernement impérial présentait un Compte *des ordonnances délivrées*, comme le vrai Compte des Ministères : *l'ami de l'anonyme* prétend qu'il y a *bévue* à prendre un *Compte d'ordonnances* pour un Compte de Ministères. Je m'en garde certes bien, puisque je reproche à ce *Compte d'ordonnances* de ne faire connaître *ni les consommations réelles*, *ni les sommes restant dues*. *L'ami* aperçoit dans les Comptes de Finances une colonne intitulée, *Restant à ordonnancer*; et il prétend qu'elle donne le renseignement que je demande. Peut-il sérieusement présenter comme un Compte réel, un restant à ordonnancer sur un Budget incomplet ! Qu'il apprenne une bonne fois que tant qu'il prendra ses *Budgets impériaux*, misérable fiction, pour base de tous ses raisonnemens, il ne peut que tomber de *bévue* en *bévue*, en articulant sans cesse ce reproche contre des raisonnemens et des calculs qui se trouvent placés au-dessus de la sphère ridicule et obscure dans laquelle il se renferme de peur d'apercevoir la lumière.

Il excuse la Caisse d'Amortissement d'avoir vendu ses Rentes, parce que les Lois l'y autorisaient ; et ce n'est pas la Caisse d'Amortissement, mais les Lois mêmes que je blâme. Il prétend que le Gouvernement impérial connaissait le pouvoir de l'Amortissement, parce qu'il en avait prononcé le nom, et élevé un simulacre dont il abusait sans cesse, malgré les intentions et les lumières des Directeurs de la Caisse d'Amortissement (1), qui ne pouvaient qu'obéir en gémissant sur tant de mesures aussi contraires à leurs principes qu'à la foi publique.

L'ami veut excuser la Caisse d'Amortissement par son obéissance, lorsque je ne l'accuse pas, lorsque je me plains des ordres mêmes, et lorsque je démontre qu'il n'y a jamais eu, de la part du Gouvernement impérial, que de la jonglerie dans ses prétendus plans d'Amortissement; puisqu'en résultat la Caisse d'Amortissement, au lieu de racheter la Dette publique, a servi à émettre pour 1,400,000 francs de Rentes; ce que *l'ami* essaie vainement de contester.

Quand *l'ami* ne sait plus que dire pour excuser l'auteur des *Observations*, il prétend qu'il plaisante, sans nous en avertir, quoiqu'assurément sa brochure ne présente pas le plus petit mot pour rire.

Il est désolé de la malice avec laquelle, dit-il, j'ai envenimé les intentions bénignes de son ami , *à la modération* (il faut lire *à la faiblesse*) duquel chacun rend hommage. Il déclare qu'il n'a voulu que servir les Projets des Ministres du Roi, en les censurant avec amertume , en les accusant d'inexactitude et de mauvaise foi. Cette manière d'aider les gens est neuve, et

Il plaisante.

____

(1) M. le Comte *Mollien* , Directeur général de la Caisse d'Amortissement de l'an 8 au 27 janvier 1806, et M. le Comte *Bérenger*, du 27 janvier 1806 au 31 mars 1814.

il était permis de se méprendre sur des intentions si singulièrement manifestées. Je ne désespère pas qu'un autre *ami* ne vienne bientôt me prouver que j'aurais dû prendre pour des complimens les grosses et brutales injures qu'il m'adresse. —

Enfin il nous avertit qu'*il perd patience :* quel dommage ! Ne voit-il pas que c'était là le but de ce *malicieux*, de cet *intraitable Créancier de l'État*, comme il l'appelle ; et qu'il doit être ravi d'avoir tiré cette vengeance du grand-prêtre des *Budgets impériaux*, en expiation des oracles confus et menteurs par lesquels on a si long-temps trompé la nation et abusé de la patience des Créanciers de l'État, sans qu'il leur fût permis d'élever la voix contre les Comptes incomplets et les Rapports insignifians présentés chaque année !

Après tant d'années d'oppression et de silence forcé, il doit être permis aux Créanciers de l'État, dont la langue est déliée, d'exhaler la juste haine qu'ils nourrissaient tous depuis long-temps contre les *Budgets impériaux* dévorateurs de leurs fortunes, et de s'opposer au retour du système de *Banqueroute.*

Sauvé de la ruine qui lui était préparée, un Créancier de l'État rit de la présomption incorrigible des *apôtres des Budgets impériaux et de la Banqueroute*, qui croient presque avoir encore le droit de parler seuls, et de prêcher hautement l'infidélité et l'injustice sans trouver

---

(1) *Voir* le Budget de juin 1815.

de contradicteurs, et qui continuent de présenter leurs funestes rêves comme des vérités auxquelles est due une foi aveugle. Il se rit de leur colère impuissante, *qui semble le menacer encore de la désastreuse influence des Budgets impériaux et des Liquidations, comme si leur règne n'était pas passé avec celui de la tyrannie.* (Août 1814.)

J'ai donné assez d'échantillons de l'exactitude, de la logique, de la profondeur des raisonnemens de *l'ami de l'anonyme,* et de l'importance des résultats qu'il recherche. Je ne suivrai pas *l'ami* dans les calculs inexacts et dans les définitions et distinctions insignifiantes dans lesquelles il s'embarrasse, en s'élevant jusqu'au galimatias. Je n'essaierai pas d'ennuyer plus long-temps le lecteur de la réfutation détaillée d'un pamphlet qui ne renferme pas une seule vérité utile, pas une idée raisonnable, et qui porte le cachet de l'amour-propre blessé, de la colère et de l'impuissance. Lorsque les discussions polémiques sur des matières d'intérêt public dégénèrent en querelles et en personnalités, elles autorisent de justes représailles ; mais elles perdent le caractère d'utilité publique, qui pouvait leur mériter l'attention : il faut plaindre les écrivains et abandonner leurs débats.

Je renonce aux suffrages des synagogues que *l'ami de l'anonyme* me promet : la théorie de l'Intérêt que j'ai osé proclamer, *l'exemple et l'influence de la fidélité du Gouvernement* que je réclame, bien plus que des prohibitions éludées, des menaces impuissantes et des Lois inexécutables, *sont les remèdes de l'Usure et* le fléau des Usuriers. *Le bon homme calomnie* mes intentions, faute de les avoir comprises (1) ; il ne voit pas que nous sommes d'accord pour haïr et proscrire l'Usure, et que nous ne différons d'opinion que sur les moyens à employer. Il a bien fait de ne pas s'engager dans la discussion de cette question, ni d'aucune question d'intérêt public, évidemment au-dessus de sa portée, s'il faut le juger par son pamphlet ; il est tout naturel qu'il ne puisse comprendre que *la fixation légale de l'Intérêt est l'aiguillon et non le frein de l'Usure.* J'apprécie et j'estime les intentions pures et la moralité des partisans de *l'Intérêt légal ;* mais je plains leur *zèle aveugle, qui se trompe de route* et les écarte du louable but qu'ils se proposent d'atteindre. Je déplore surtout les funestes conséquences d'une *erreur destructive, lorsqu'elle est partagée par le Gouvernement et consacrée par la Loi.*

Je finis par les premières paroles de *l'ami de l'ano-nyme : C'est une étrange manie que celle de parler des choses que l'on ignore, et de raisonner de ce que l'on ne comprend pas.*

Rien n'est plus dangereux qu'un ignorant ami.
LA FONTAINE, livre VIII, fable 10.

UN CRÉANCIER DE L'ÉTAT.

---

(1) Il oublie qu'il a lui-même proposé les Lois des 6 frimaire et 27 ventôse an 8, qui ont porté les Intérêts des Cautionnemens à dix pour cent par an.

TABLE DES TITRES

De l'Opinion d'un Créancier de l'État sur le Budget proposé le 22 Juillet 1814.

Avis de l'Éditeur.............. Pag.   v.

Avertissement.....................   xj.

   Motifs et Objet de cet écrit.............   1.

Observations d'un Anonyme sur les Discours et Rapport des Ministres du Roi.............................   7.

   Plaintes sur les Discours des Ministres....   *ibid.*

   Ils ne chargent l'ancienne Administration d'aucune responsabilité,..............   8.

   Les Budgets depuis l'an 8 étaient incomplets; ils ne comprenaient pas: 10.

      Les sommes détruites par les Banqueroutes.............   *ibid.*

      Les Contributions étrangères..   12.

   Ressort principal des Finances de *Buonaparte*.............................   13.

   Motifs de sa politique.................   *ibid.*

   Causes de sa chute..................   14.

   Équilibre des Budgets.................   15.

   Déficit réel de l'an 8 à 1814............   16.

   Inexactitude du Budget de 1813.........   17.

      Et du premier Budget de 1814.   18.

(95)

Violation des Dépôts.................. Pag. 18.

Spoliation de la Caisse d'Amortissement.... 19.

La Caisse d'Amortissement n'a pas racheté;
- elle a émis des Rentes.................. 20.

L'Arriéré n'a pu être exactement connu en
trois mois........................... 21.

Observation inexacte sur 1810 et 1811..... 22.

Centimes extraordinaires.............. 23.

Augmentation prétendue, et diminution
réelle des Contributions directes....... 24.

Diminution des Contributions indirectes.. 25.

Les anciens exercices n'ont été dépouillés
d'aucune ressource.................. 26.

    Ni des Coupes de Bois de l'ordinaire
    de 1814........................ ibid.

    Ni des Ventes des Biens communaux. 27.

Exagération de 201 millions........... ibid.

Reproche singulier d'exagération sur les
Contributions directes............... 29.

RÉFLEXIONS DE M. GANILH sur le
Budget des Recettes.................. 31.

Analyse du système de M. Ganilh...... 32.

Il ne s'occupe que du Budget de 1815 et de
l'Arriéré........................... ibid.

Il omet 1814 et son déficit............ 33.

Les Contributions indirectes sont incertaines et impopulaires............... ibid.

Les Contributions directes et l'Enregistrement sont certains.................. 34.

    Ils forment la base du Budget...... ibid.

(96)

Les récoltes de 1814 et 1815 concourront
au paiement des Contributions.... Pag.   35.
Cent millions d'erreur dans l'évaluation
des Contributions directes par M. *Ganilh.*   36.
Pivot du Budget........................   *ibid.*

*DE LA LIQUIDATION ET DU PAIEMENT
DE L'ARRIÉRÉ*................   37.
La Consolidation forcée proposée par
M. *Ganilh*..........   *ibid.*
Est injuste pour les Créan-
ciers et destructive du
Crédit...............   *ibid.*
Nécessité et Moyens de rétablir les Effets
publics au pair....................   38.
Les Obligations sont un moyen transitoire.   *ibid.*
La Consolidation forcée est injuste envers
les anciens Rentiers..................   39.
Les anciens Crédits sont sans objet pour
l'Arriéré....................   40.
Il faut payer tout ce qui est dû.........   *ibid.*
La Liquidation doit être dirigée par les Mi-
nistres........................   *ibid.*

*DE L'ÉMISSION ET DU RACHAT DES
OBLIGATIONS*..................   42.
Craintes hyberboliques de M. *Ganilh*.....   *ibid.*
Les Moyens extraordinaires seront recouvrés
successivement....................   43.
Dangers d'une Opposition intempestive.
(Août 1814.)....................   44.
L'émission des Obligations ne crée ni les
Créances, ni l'Agiotage.....   45.

Elle améliore les Créances et diminue l'Agiotage........... Pag. 45.

Les Obligations garanties du discrédit.... 46.

Leur cours sera supérieur à celui
des cinq pour cent.......... ibid.

Elles ne seront pas jetées à-la-
fois sur la place.......... 47.

Rachat des Obligations.............. 48.

Intervention du Ministre à la Bourse...... ibid.

Avantages de sa publicité........ 49.

Le Rachat public est légitime.......... ibid.

Il est avantageux au Crédit et
aux Créanciers.......... 50.

Funeste aux Agioteurs........ 51.

Désirable pour les vrais Capitalistes................ 52.

Diminuera l'Agiotage.......... ibid.

Fera cesser la thésaurisation et ap-
pellera les Capitaux étrangers. ibid.

Le Rachat ou l'Amortissement simple.... 53.

Est un puissant et rapide moyen
de soutenir ou relever le Crédit................ ibid.

Dette flottante.................. 54.

Amortissement composé............ ibid.

Ses effets étonnans.......... 55.

Applicable dans tous les lieux.. ibid.

Méconnu et étranger en France. ibid.

Encore différé.......... 56.

(98)

Le Budget en renferme le germe. 56.

Supposition odieuse de l'infidélité des Ministres............................ ibid.

DE LA FIXATION DES INTÉRÊTS..... 58.

Huit pour cent d'Intérêt attaché aux Obligations......................... ibid.

Objections et reproches contre cet Intérêt.. 59.

Quelques idées sur la théorie des Capitaux. *ibid.*

L'or, l'argent et les diamans ont une valeur intrinsèque....................... 61.

... Et une vertu productive............. *ibid.*

Théorie de l'Intérêt.................... 59.

L'Intérêt est le loyer des Capitaux........ 61.

L'Intérêt légal....................... 62.

A été plusieurs fois modifié...... *ibid.*

Est un abus de pouvoir............ 63.

Une violation de la Propriété.... 64.

Préservatifs de l'Usure............... 66.

Intérêt judiciaire.................... 65.

Élémens et régulateurs de l'Intérêt........ 66.

Profit naturel................. 67.

Indemnité.................... *ibid.*

Prime d'assurance............. 68.

Application de cette théorie aux huit pour cent d'Intérêt des Obligations.......... *ibid.*

Cet Intérêt, aidé par le Rachat, mettra la Dette au pair........ 69.

La portera au-dessus du pair. 70.

Les Obligations les plus éloignées seront les plus recherchées.................Pag. 71.

Les Obligations peuvent servir de gage à des Emprunts............................. ibid.

Les Capitaux, appelés par le Crédit, ne sont pas retirés au Commerce............. 72.

Offre de remboursement et réduction des Intérêts des Obligations................. 73.

DE L'ÉVALUATION DE L'ARRIÉRÉ, et des Moyens d'y pourvoir.............. 75.

Le montant exact de l'Arriéré ne peut être encore connu........................... ibid.

Il est évalué au plus haut..... ibid.

Le Compte des paiemens sera présenté................. 76.

L'estimation et l'effet des Moyens extraordinaires sont variables et inconnus..... ibid.

Le Budget donne l'assurance du paiement intégral............................... 77.

Le Crédit ne peut se commander........ 78.

Le Budget doit le produire...... ibid.

Rassurer les Créanciers de l'État.............. ibid.

Et soulager les Contribuables........... 79.

Avantages de la fidélité du Gouvernement. ibid.

CONCLUSION.......................... 81.

P. S. RÉPLIQUE aux Notes en réponse à l'Opinion d'un Créancier de l'État...... 85.

L'ami de l'anonyme se prosterne devant les Budgets impériaux................. ibid.

(100)

Les *Réflexions* sont bien au-dessus des *Observations* .... Pag. 86.

Les fonds des Valeurs en portefeuille avaient
été dépensés .... *ibid.*

Il ne prouve ni contradiction ni erreur.... 87.

Il oublie la Banqueroute de l'an 9........ 88.

Les Comptes des consommations réelles n'ont
jamais été produits, ... 89.

Il approuve la spoliation de la Caisse d'A-
mortissement...................... *ibid.*

Il plaisante...................... 90.

Il perd patience...................... 91.

Menaces prophétiques du retour des *Budgets
Impériaux*...................... *ibid.*

Il s'embrouille et donne sa mesure........ 92.

Il n'entend rien à la théorie de l'Intérêt.... *ibid.*

FIN DE LA TABLE.

OBSERVATIONS ET ÉCLAIRCISSEMENS,

PAR UN CRÉANCIER DE L'ÉTAT,

SUR LES DIFFÉRENS SYSTÈMES DE FINANCES

SUIVIS EN FRANCE DEPUIS L'AN VIII JUSQU'AU 8 JUILLET 1815,

ET NOTÀMMENT

SUR LE PARAGRAPHE CONCERNANT LES FINANCES

DANS L'EXPOSÉ DE LA SITUATION DE L'EMPIRE,

SUR LE BUDGET ET LE COMPTE

ET SUR LE PROJET DE LOI DE FINANCES

Présentés en Juin 1815.

Quidquid delirant Reges, plectuntur Achivi.
HORAT. lib. 1, ep. 2.

Les erreurs et les fautes des Ministres
des Finances sont payées par les Peuples.

TROISIÈME ÉDITION.

OBSERVATIONS ET ÉCLAIRCISSEMENS

PAR UN CRÉANCIER DE L'ÉTAT,

SUR

LE BUDGET DE JUIN 1815,

ET

SUR LES DIFFÉRENS SYSTÈMES DE FINANCES

SUIVIS EN FRANCE DEPUIS L'AN VIII JUSQU'AU 8 JUILLET 1815. *

OBSERVATIONS PRÉLIMINAIRES.

MOTIFS ET OBJET DE CET ÉCRIT **.

Depuis quatorze ans et demi, l'Administration des Finances était confiée au même Ministre et dirigée d'après le même système, lorsqu'au mois d'avril 1814 un nouveau Gouvernement forma un nouveau Minis-

---

* Une Table placée à la fin de ce volume indique, dans leur ordre, tous les objets traités dans cet écrit. En la parcourant, on prendra facilement une idée complète de l'ensemble, de la marche et du but de l'ouvrage.

** *Voir* l'Avis et l'Avertissement en tête de ce volume, *pages v à xvj.*

tère et remit l'Administration des Finances entre les mains d'un nouveau Ministre.

Onze mois après, le Gouvernement et le Ministère furent entièrement changés, et l'Administration des Finances rentra dans les mains du Ministre qui l'avait dirigée pendant quatorze ans et demi.

Au moment où je termine cet écrit, le retour du ROI vient de rendre l'Administration des Finances au Ministre qui l'a dirigée du 4 avril 1814 au 20 mars 1815.

Le Ministre des Finances nommé en avril 1814 se hâta d'abandonner le système constamment suivi par son prédécesseur pendant sa longue administration. Il proposa un plan nouveau par ses principes, par ses moyens et par ses combinaisons; il développa ses motifs dans un Rapport au ROI et dans plusieurs discours à la Chambre des Députés. Son plan, vivement et amèrement critiqué par une foule d'orateurs et d'écrivains, à la tête desquels se plaça l'ancien Ministre (1), et défendu par quelques-uns (2), fut, après une discussion longue et approfondie, adopté et sanctionné par la Loi du 23 septembre 1814.

L'exécution de cette Loi avait à peine cinq mois de durée, lorsque l'ancien Ministre, ramené par les événemens à la tête des Finances, s'empressa de revenir

____

(1) Vingt Écrits furent publiés et vingt-deux Discours furent prononcés contre le Budget. — En *Voir* le Catalogue, *page 281*.

(2) Six Écrits seulement furent publiés et seize Discours furent prononcés à l'appui du Budget. — En *Voir* le Catalogue, *page 281*.

(105)

à son ancien système, en abandonnant entièrement
l'exécution de la Loi du 23 septembre. Bientôt après
il publia et distribua en toute hâte et avec profusion (1)
un *Compte de l'Administration des Finances*, renfermant la critique la plus sévère de toutes les parties
du plan suivi par son successeur et prédécesseur dans
sa courte administration ; et il proposa à la Chambre
des Représentans un Projet de Loi entièrement sub-
versif de ce plan et de la Loi du 23 septembre 1814.

Cette instabilité, ces vicissitudes, ont eu de graves
inconvéniens. Mais l'observateur attentif et désintéressé, qui n'est touché que du bien de son pays, et le
Créancier de l'État, que son intérêt particulier éclaire
et tient éveillé sur l'intérêt général, dont le sien est
inséparable, ont trouvé dans ces changemens répétés
de Ministres et de plans, un précieux avantage dont
ils étaient privés depuis quatorze années et qu'ils ont
chèrement acheté, celui de pouvoir comparer les plans,
les calculs, les promesses, les succès de deux Ministres
différens ; ils peuvent maintenant juger leurs systèmes,
non-seulement par les principes de l'économie politique à la portée d'un trop petit nombre, mais par
l'exécution pendant un laps de temps suffisant pour
les apprécier, et par les résultats qui frappent les
yeux des moins clairvoyans et doivent convaincre les
plus incrédules.

____

(1) Douze cents exemplaires ont été distribués.

Dès que l'Exposé de la situation de l'Empire, le Rapport sur les Finances de juin 1815, le nouveau Budget et le Projet de Loi me furent connus, je commençai, pour ma satisfaction particulière, cette comparaison des deux systèmes de Finances, pour laquelle j'avais depuis long-temps recueilli des matériaux, ne sachant si, malgré les précautions oratoires dont j'enveloppais mes observations, il me serait permis de les publier.

La marche rapide des événemens m'a atteint au commencement du travail que j'avais entrepris.

Après avoir hésité si je continuerais, je me suis décidé à différer mes observations sur la partie des systèmes de Finances suivis en France depuis l'an 8, relativement aux Contributions directes et indirectes.

Ces Contributions, désorganisées en ce moment, doivent être reconstituées au plus vite sur leurs anciennes bases, pour subvenir aux besoins urgens du Trésor. Nous n'avons ni le loisir, ni les moyens de reconstruire à neuf, d'embellir, d'améliorer, d'essayer. Il faut, et sans retard, rassembler les débris, relever les ruines de l'édifice des anciennes Contributions. Avant d'entreprendre de les perfectionner, il faut les réorganiser encore une fois telles qu'elles existaient (1).

---

(1) Il y a d'ailleurs beaucoup moins à changer dans le système des Contributions de l'ancienne Administration, que dans son système de Crédit, qui était radicalement vicieux : ce que j'espère démontrer.

L'autre partie du plan de Finances est relative à la Dette exigible et à la Dette perpétuelle; elle renferme les moyens de paiement de l'Arriéré et d'Amortissement de la Dette publique, et se lie au Crédit public. Les circonstances malheureuses où se trouve la France, les charges accablantes qu'elle supporte, et celles dont elle est menacée, rendent d'autant plus urgent de rechercher le système le plus propre à y subvenir sans écraser les Contribuables.

J'ai pensé que l'examen de cette partie des systèmes de Finances suivis depuis l'an 8, ne serait pas en ce moment dépourvu d'intérêt.

C'est d'ailleurs dans cette partie, la plus importante de leurs plans, que les deux Ministres des Finances diffèrent davantage, qu'ils se sont distribué mutuellement et qu'ils ont provoqué plus de critiques.

Le Ministre des Finances de 1814 vient de rentrer au Ministère : mais sa nouvelle administration est entravée dans sa marche, embarrassée dans son action, sans force, incertaine, et méconnue au milieu du tumulte des armes; il doit ne pouvoir former encore aucun calcul, ni concevoir aucun projet. Dans le vague où il est placé, dans l'ignorance où nous sommes de ses plans, il ne sera pas sans intérêt, ni sans utilité, de se livrer à l'examen de son administration et de celle qui l'a précédée; de comparer l'un à l'autre les deux systèmes opposés de deux Ministres différens; d'examiner les principes sur lesquels ils reposent, et sur-tout les résultats qu'ils ont obtenus, les reproches qu'ils se sont faits réciproquement, ceux dont leur administration a été l'objet; enfin de rechercher lequel de leurs systèmes mérite la préférence et pour l'adoption duquel nous devons former des vœux.

Je recueillerai et j'exposerai les faits pour en déduire les conséquences; je remonterai aux principes par les événemens, aux causes par les effets; je tâcherai de présenter quelques *utiles leçons de Crédit public et d'Économie politique-pratique* tirées des deux systèmes opposés, exécutés et substitués l'un à l'autre sous nos yeux et à nos dépens.

Je ne me propose pas de développer une théorie imaginaire ou douteuse; mais d'interroger une expérience récente et incontestable, et de demander aux résultats dont nous avons été les témoins, des conseils salutaires pour l'avenir.

Quoique l'attention générale soit captivée par les événemens dont le sort de la France dépend, une part d'attention doit, dans ce moment comme dans tous les temps, se porter vers les discussions de Finances, puisque les Finances paraissent appelées à prendre une des premières places parmi les moyens de salut qui restent à la France.

Je crois devoir laisser les premières pages de ces observations, telles que je les avais préparées sous le

Gouvernement de *Buonaparte* et des Chambres : je commençais comme il suit.

Mu par les mêmes motifs, animé du même zèle que l'Auteur des *Observations et Éclaircissemens sur les Finances*, publiés en 1814, j'ai cru pouvoir lui emprunter son titre.

Les circonstances dans lesquelles je me trouve en juin 1815, sont tellement semblables à celles dans lesquelles il était placé en juillet 1814; nos intentions, à des époques différentes il est vrai, sont tellement pareilles, que ses propres expressions indiqueront le but que je me propose, et que je lui emprunterai jusqu'à la déclaration franche et loyale des sentimens qui m'ont porté à rédiger ces observations.

Je déclare donc avec l'auteur anonyme des *Observations et Éclaircissemens* distribués en 1814 (1) :

« La meilleure manière, la seule honorable comme
» la seule utile, de déprécier un Gouvernement qui
» n'est plus; c'est de faire mieux que lui *(Page 28).*

» Mon désir a été d'écarter un système de déclama-
» tions qui ne peut qu'exciter des ressentimens, sans
» profit pour la chose publique *(Page 29).*

» Tous mes vœux sont et seront, jusqu'au dernier
» moment de ma vie, pour les succès de celui que la

______

(1) Cet écrit fut attribué à M. *Gaudin*, *Duc de Gaëte*, Ministre des Finances de l'an 8 au 1.ᵉʳ avril 1814 et pendant le second trimestre 1815.

» France a recouvré *(juillet 1814 et juillet 1815)*, et
» dont l'affermissement peut seul la préserver de nou-
» veaux malheurs. Telle est ma profession de foi : elle
» est franche et sans réserve ; elle doit être le garant
» de la pureté de mes intentions *(Page 30)*.

» Il faudrait faire un volume pour relever tout ce
» que cet étrange rapport renferme d'inexactitudes,
» même dans l'énoncé des faits les plus généralement
» connus. *(Page 37). »*

Je n'ai rien à ajouter à cette déclaration ; je la prends
pour règle, et je m'efforcerai de m'y conformer en
tous points avec autant d'exactitude et de bonheur que
l'écrivain qui me fournit ce texte précieux.

Je comparerai, j'opposerai l'un à l'autre le Budget
proposé en 1814, et celui qui a été proposé en
juin 1815 ; je discuterai les calculs des deux Ministres
des Finances de ces deux époques ; je me permettrai
d'en dire mon opinion avec franchise, sans acception
de personnes, sans esprit de parti : par-tout où je
reconnaîtrai la vérité, je la proclamerai ; par-tout où
je découvrirai une erreur ou un mensonge, je le signa-
lerai ; par-tout où je verrai le bien de mon pays, je le
dirai hautement.

Je ne suis le champion ni l'antagoniste d'aucun
homme ; je n'attaque ni ne défends personne : j'examine
et je discute des Comptes imprimés et des calculs
publiés.

D'après mon opinion personnelle, et suivant les

règles et les principes que j'ai étudiés et adoptés ; j'apprécie, j'approuve ou je blâme des opérations consommées, des plans et des systèmes développés et mis à exécution.

Il est temps que les vrais principes de l'Administration des Finances soient reconnus et posés sur les bases éternelles et inébranlables de la fidélité et de la justice ; qu'ils soient garantis par la foi publique, nationale et constitutionnelle ; que la fortune des citoyens soit enfin mise à l'abri de la versatilité des plans de Ministres éphémères, et placée même hors des atteintes des révolutions de Gouvernemens chancelans et passagers.

Il est temps que le Crédit public cesse de n'avoir pour garantie que les promesses et l'habileté d'un Administrateur amovible ; qu'il cesse de n'être que le crédit du Ministre ; il faut qu'il ne soit pas seulement le crédit d'un Gouvernement qui pourrait changer de système en changeant ou de chef ou de forme : il faut qu'il devienne le Crédit de l'État.

On n'y parviendra, je le répète, qu'en faisant *reposer l'Administration des Finances et le Crédit public sur les principes éternels de la fidélité et de la justice ; en asseyant leurs bases sur un plan fixe, sur un système invariable ; et en les rattachant à nos institutions nationales.*

Je me permettrai de rechercher et de dire lequel des deux Budgets proposés, l'un en 1814, l'autre en juin 1815, me paraît le mieux remplir ces hautes conditions ; lequel devait mieux ménager les intérêts des Contribuables, fournir des ressources abondantes au Trésor, des moyens étendus et faciles à toutes les parties du service, en traitant les Créanciers avec justice.

Pour me renfermer uniquement dans mon objet, l'examen et la comparaison des deux plans de Finances, j'écarterai jusqu'au nom des Ministres, jusqu'aux mots, *Gouvernement du ROI*, *Gouvernement de l'Empereur* ; je ne parlerai que

Du Budget et du plan de Finances de 1814, comparé

Au Budget et au plan de Finances de juin 1815 ;

Du Ministre des Finances de 1814,

Du Ministre des Finances de 1815 (1).

____

(1) Pour être plus exact, j'ai mis, depuis la restauration, *le Ministre des Finances du second trimestre 1815.*

DU MONTANT DE L'ARRIÉRÉ

DE 1813 ET ANNÉES ANTÉRIEURES (1).

Je rappelle en marge de mes Observations les termes de l'Exposé de la situation de l'Empire et du Rapport sur les Finances (2).

OBSERVATIONS.	EXTRAIT de l'Exposé, et du Rapport sur les Finances, de Juin 1815.	
Le Ministre de l'Intérieur du 2.ᵉ trimestre de 1815 prend ici, pour le Ministre des Finances, l'engagement de *prouver* combien	La situation de l'Empire, sous le rapport des Finances, sera, suivant l'usage, présentée dans tous ses détails par les	On ne donne en 1815, aucune *preuve* de l'exagération prétendue de l'Arriéré en 1814.

(1) *Voir* l'Opinion d'un Créancier de l'État, *pages 75 et suivantes, De l'Évaluation de l'Arriéré, et des Moyens d'y pourvoir.*

(2) J'invite ceux qui me liront à suivre mes raisonnemens et mes calculs, les deux Comptes de juillet 1814 et de juin 1815 à la main ; j'indique les pages où se trouvent mes citations.

Je ne trahis aucun secret, je ne révèle aucun mystère ; je cite et je compare.

Tous les chiffres, tous les faits que je rapporte, sont extraits des Comptes, Rapports ou Discours imprimés.

Les rapprochemens, les raisonnemens que je fais, les conclusions que j'en tire, expriment mes conjectures et mon opinion personnelle.

l'Arriéré avait été exagéré par le Ministre des Finances de 1814.

Hâtons-nous de recourir *aux preuves.*

J'ouvre avec empressement le Compte de l'Administration des Finances publié peu de jours après l'Exposé ; j'y cherche les calculs annoncés et les *preuves* promises.

J'y lis, *pages 4 et 5* . . . .

Première assertion, mais pas encore de *preuve.*

Des *renseignemens* ne sont pas des *preuves.*

Parle-t-on ici sérieusement ! Jamais le Ministre de l'Intérieur de 1814 n'a fait une erreur aussi grossière. Il a dit, en propres termes *(page 29 de l'Exposé de 1814),* « *que le total des Antici-*

Ministres de ce Département. Les Comptes généraux des deux Ministères des Finances et du Trésor PROUVE-RONT combien les Rapports faits l'année dernière aux deux Chambres avaient exagéré l'importance des dépenses arriérées antérieures au 1.er avril 1814. *(Pag. 36 de l'Exposé.)*

Cet Arriéré avait été *prodigieusement exagéré* dans les Rapports faits l'année dernière aux deux Chambres. *(Pag. 4 et 5 du Rapport sur les Finances.)*

La *vérité* est que, d'après les *renseignemens* que j'ai recueillis des divers Ministères, *la Dette arriérée,* qui avait été portée l'année dernière, dans un premier Rapport du Ministre de l'Intérieur à la Chambre des Dé-

»pations était de 805,469,000ᶠ
»l'Arriéré des di-
»vers Ministères,
»de . . . . 500,000,000.
»et qu'en y joi-
»gnant la créa-
»tion de 17 mil-
»lions de Rentes
»perpétuelles re-
»présentant un ca-
»pital de . . . . . 340,000,000.
____
» On aura pour
»montant d'ac-
»croissement des
»Dettes de l'État,
»pendant le cours
»de treize années,
»la somme de . . 1,645,469,000.

putés, à près de 1,700 millions.... *(Pag. 5 du Rapport.)*

Cette somme, que l'on enfle de 54 millions en la portant à 1,700 millions, n'était donc pas le montant de *la Dette arriérée à payer*, mais, comme le disait le Ministre de l'Intérieur de 1814, le total des émissions de Rentes, des Anticipations et de l'Arriéré, soit *remboursable*, soit *non remboursable*; ce qui est fort différent.

Cette distinction si évidente n'avait au surplus échappé à personne, pas même à l'anonyme auteur des *Observations et Éclaircissemens*. Il fut plus véridique derrière le voile transparent de l'anonyme, que du haut de la tribune ministérielle.

Réduite n'est pas le mot propre ; ce terme est plus qu'inexact.

Le Ministre des Finances de 1814 ne rabattit rien sur l'*accroissement de la Dette* ; mais il fit connaître qu'il n'y avait de prochainement exigible que 759 millions.

Encore une assertion, puis des probabilités : quand donnera-t-on *les preuves* promises ?

L'Exposé, *page 28*, et *les États G, page 102 du Compte*, ne portent l'Arriéré que de 140 à 150 millions. Cette variation de 70 millions est remarquable.

Une centaine de millions : cette bagatelle, qu'il est, dit-on, *indispensable* de rembourser, vaut bien la peine d'être comprise dans l'évaluation de l'Arriéré, qui alors sera de 320 millions.

(Cette Dette arriérée)........ *réduite* peu de jours après, par un nouveau Rapport du Ministre des Finances, à environ 759 millions. *(Pag. 5 du Rapport sur les Finances.)*

Ne s'élevera pas, par les *résultats probables* de la liquidation, à plus de 200 à 220 millions.

Sans y comprendre une *centaine de millions* que le Trésor a été dans le cas d'avancer sur son crédit, au-delà des recettes effectives des Budgets, et dont *il est indispensable* qu'il soit couvert, afin de rétablir l'équilibre entre

Toujours sans *preuves* ; peut-être sont-elles plus loin : continuons.....................

Cela peut être vrai en partie, mais l'origine de la Dette n'en prouve pas le montant.

Et moi je dis, car il y a des gens qui *ne craignent pas de dire* une sottise, que cette prétendue situation favorable n'est enviée ni par l'Angleterre, ni par ses créanciers que n'inquiète pas son énorme Dette, ni par les États-Unis, ni par beaucoup d'autres États, dont les Finances sont mieux administrées que ne l'ont été depuis vingt-cinq ans celles de la France.

Les Administrateurs, et surtout les Créanciers de ces États, n'envient pas nos *Banqueroutes* périodiques ; ils se trouveraient fort malheureux, ils se croiraient déshonorés d'avoir acheté à ce prix la modicité de leur Dette nationale ; ils seraient honteux avec une Dette numériquement et pro-

ses moyens et ses charges.....(*Page 5 du Rapport.*)

L'ensemble de cet Arriéré provient de toutes les pertes éprouvées dans les deux dernières années.

Et l'*on ne craint pas de dire* qu'il n'est pas une des Puissances que nous avons eues à combattre, qui ne se trouvât heureuse d'une semblable situation..........(*Page 5 du Rapport.*)

Et plus loin (*pag. 7 et 8*) : L'accroissement (de la Dette perpétuelle) ne pourrait au surplus causer aucune alarme fondée, en comparant l'état dans lequel la France se trouve sous ce rapport après vingt ans de guerre, portionnellement aussi faible que celle de la France, d'avoir aussi peu de Crédit.

à celui des Puissances qui l'environnent.

Cette situation, loin d'être favorable, est triste et pénible.

Les services les plus urgens de la Guerre sont entravés faute de fonds, faute de Crédit ; une Dette insignifiante nous écrase, tandis que des Dettes immenses semblent accroître la force des autres États.

Nous nous arrêtons à considérer avec un étonnement stupide le montant nominal des Dettes publiques des divers États ; notre stupéfaction cesserait si nous savions évaluer le poids de ces Dettes comparé aux richesses des États, et sur-tout si nous savions calculer et manier la puissance du Crédit.

La France aurait-elle moins de ressources que les autres États, ou ses Administrateurs moins d'habilité !

L'absence du Crédit, malgré la modicité de la Dette, décide cette question.

Ce n'est pas des ressources de la France pour la garantie d'une Dette de 63 millions de Rentes, que ses Créanciers peuvent douter ; ce n'est pas de la France, mais de ses Administrateurs, qu'ils se défient : des *Banqueroutes* continuelles ont détruit

Certes, la France sera long-temps encore la Puissance dont les fonds publics présenteront aux étrangers mêmes, un emploi de leurs capitaux plus sûr et mieux garanti. *(Pag. 8 du Rapport.)*

toute confiance en des promesses aussi souvent violées que renouvelées.

Lorsque le Rentier, le moins malheureux des Créanciers de l'État, voit le capital qu'il possédait en 1789, actuellement réduit au sixième (1); lorsque tous les autres Créanciers ont perdu davantage, et un grand nombre la totalité de leurs créances, nous vantons vainement les ressources de la France pour payer des Dettes que son Administration n'a jamais voulu payer.

Qu'importe à nos créanciers que nous soyons riches, si nous sommes de mauvaise foi et plus forts qu'eux !..... Mais je m'égare à la suite du Rapport, et j'oublie que je demande, que je cherche les *preuves* du montant de l'Arriéré et de l'exagération de l'évaluation faite en 1814.

---

(1) La Dette perpétuelle a été réduite au tiers, et, le cours étant à 55 francs, le Rentier peut à peine réaliser le sixième de sa créance originaire. (Juin 1815.)

Sans doute *cette charge n'a rien de capable d'ébranler le Crédit* s'il était habilement soutenu ; et il me semble que le Ministre des Finances de 1814 l'avait assez bien prouvé ; puisque, reconnaissant pour l'Arriéré une charge double de celle maintenant avouée dans le Budget de 1815, il avait porté et maintenu ses Obligations au pair, et élevé en cinq mois les Cinq pour cent consolidés de 45 fr. à 78 fr.

Comment se fait-il que le nouveau Compte, réduisant la Dette de plus de moitié, le Crédit baisse rapidement et disparaisse entièrement !

Malgré tant d'assurances tranquillisantes, ou précisément à cause des évaluations atténuées, les Rentes, les Obligations sont rapidement descendues à 55 fr.

Serait-on assez injuste pour ne pas se fier aux preuves répétées de sincérité et de fidélité que cette Administration a données par le passé !

Ce n'est pas que la *charge* qui nous est imposée ne soit grande encore ; mais il est en même temps permis de dire qu'*elle n'a rien de capable d'ébranler le Crédit de la France*, sous un Gouvernement dont les formes constitutionnelles lui présentent tous les genres de garantie......... *(Page 5 du Rapport.)*

Au moins cette fois, *les preuves* seront sans réplique ; nous les cherchons encore : poursuivons.

Quoi ! voilà tout ce qu'on nous dit *sur l'Arriéré !* Où sont ces *preuves* si solennellement promises !

Je n'ai encore vu que des déclarations ; *la plaie* ne me paraît ni profondément sondée, ni parfaitement connue.

On n'a donc daigné nous donner aucune *preuve !*

Cependant je découvre à la suite du Compte *(pages 102 à 105, sous la lettre G),* parmi de prétendues pièces justificatives, sept États intitulés modestement : *Aperçu des sommes dues.*

Un *aperçu* n'est ni une pièce justificative, ni une *preuve.*

La plaie connue, il ne s'agit plus que d'y appliquer le remède.

Convient-il , à cet égard, de maintenir le système consacré par la dernière Loi du Budget!.. *(Pag. 5 du Rapport.)*

Ces États d'ailleurs, qu'il eût été si facile et qu'il était indispensable de présenter certifiés et garantis par les Ministres respectifs, ne sont revêtus d'aucune signature ; ils se rangent dans la classe des *assertions sans preuves.*

Il est donc reconnu que le Ministre des Finances du deuxième trimestre 1815 a négligé de remplir

Le montant réel de l'Arriéré n'est pas justifié en 1815.

l'engagement solennellement pris par le Ministre de l'Intérieur, devant les Chambres, de *prouver* l'exagération de l'Arriéré.

A la place des *preuves* annoncées, il n'a donné que des *assertions*, des *aperçus* dénués de tout commencement de *preuve*.

Après quinze mois, le Ministère du deuxième trimestre 1815, composé en grande partie des mêmes élémens que celui de 1813, ne présente aux Chambres qu'un aperçu sans justification, sans garantie, *sans preuves*, de sa propre Administration.

Il s'est ainsi chargé d'excuser le Ministère de 1814 de n'avoir donné, après trois mois de gestion, qu'un aperçu de la Dette de l'Administration antérieure.

L'Arriéré n'est-il pas atténué par le Ministère de 1815 ?

Le Ministère du deuxième trimestre 1815 s'est éloigné de l'exagération, avec autant de soin que le Ministère de 1814 en avait mis à éviter l'atténuation de la Dette. L'un a dû rester en-deçà, l'autre passer au-delà de la vérité ; mais le point important, le montant réel de l'Arriéré, est maintenant encore, après qu'une nouvelle année s'est écoulée, laissé dans le vague.

Nous restons par cette omission placés dans une fâcheuse perplexité : nous devons regarder comme constant que le Ministre des Finances de 1814 a exagéré l'Arriéré, puisque le Ministre des Finances du deuxième trimestre 1815 l'assure sur sa parole ; mais ce Ministre n'atténuerait-il pas l'Arriéré !

En ne demandant pour le paiement des Créanciers de l'État qu'un crédit insuffisant, ne s'apprêterait-il pas à leur faire subir une nouvelle *Banqueroute !*

Déjà (juin 1815) l'effroi est parmi eux, leur espoir s'évanouit, ils se lamentent, ils osent regretter les Obligations du Trésor royal ; ils rejettent les Rentes qu'on leur offre en paiement de l'Arriéré, ils crient à la *Banqueroute ;* le Crédit s'altère, le cours des Effets publics décroît rapidement, et les fournisseurs refusent de rien donner sur des promesses incertaines ; ils abusent des besoins extrêmes des services de la guerre, pour exiger leur paiement comptant en numéraire, à des prix excessifs qui les dédommagent de la perte des trois quarts de leurs créances arriérées dont ils sont menacés par le nouveau Budget et par les habitudes constantes des liquidateurs de cette Administration.

Hâtons-nous de les rassurer : comparons les évaluations exagérées du Ministre des Finances de 1814, aux évaluations atténuées du Ministre du deuxième trimestre 1815.

Sans prévention, sans ménagement ni pour l'un ni pour l'autre ; sondons et discutons leurs preuves ou leurs assertions ; peut-être leurs évaluations sont-elles plus rapprochées qu'elles ne le paraissent ; peut-être verrons-nous de nos comparaisons sortir la vérité dépouillée de tout voile d'exagération ou d'atténuation.

Je rappelle et je compare les évaluations de l'Arriéré faites par les deux Ministres des Finances de 1814 et de 1815.

INDICATION DES SERVICES.	ÉVALUATION de l'Arriéré de 1813,		DIFFÉRENCE dans la nouvelle évaluation,	
	par le Ministre des Finances de 1814. États n.os 14 et 15.	par le Ministre des Finances du 2.e trim.e 1815. État G, p. 102 à 105.	en moins.	en plus.
Chancellerie de France..	5,024,000f	....	5,024,000f	
Affaires étrangères.....	2,431,000.	500,000f	1,931,000.	
Intérieur. — Cultes	49,000,000.	20,000,000.	29,000,000.	
Marine...............	55,879,000.	10,300,000.	45,579,000.	
Guerre...............	300,000,000.	89,450,000.	210,550,000.	
Finances. (Dépenses administratives).........	....	6,000,000.	....	6,000,000f
Police générale........	....	230,000.	....	230,000.
Fonds de réserve.......	....	23,520,000.	....	23,520,000.
Finances (Caisses et Trésor)...............	412,334,000. / 115,225,000.	150,000,000. / 101,775,000.	13,450,000.	
TOTAUX......	527,559,000.	251,775,000.	305,534,000.	29,750,000.

Les États présentés par le Ministre des Finances en juin 1815, offrent donc une réduction apparente dans l'Arriéré antérieur à 1814, de la somme de... 275,784,000. et semblent accuser les évaluations du Ministre des Finances de 1814 d'une exagération de pareille somme, sans y comprendre le premier trimestre de 1814. On a aussi beaucoup parlé de l'exagération du Budget de 1814 : je l'examinerai séparément. Occupons - nous d'abord de l'Arriéré de 1813 et antérieurs.

C'est assurément une belle découverte qu'une réduction de Dette de 275,784,000 francs ; mais est-elle réelle! N'y a-t-il dans les États du Ministre des Finances de juin 1815 , ni erreur , ni omission, ni réticence, ni.......?

Je remarque d'abord que , dans les calculs de l'Arriéré, il n'est nullement question des paiemens qui ont dû être faits à compte et en déduction pendant les neuf derniers mois de 1814 et pendant le premier trimestre 1815.

Paiemens effectués sur l'Arriéré, du 1.er avril 1814 au 1.er mai 1815.

Le Rapport du Ministre des Finances de juin 1815 n'explique pas si l'Arriéré qu'il annonce être tantôt de 150, tantôt de 220 millions, comprend les paiemens effectués pendant 1814.

Si les paiemens effectués ne sont pas compris dans cette évaluation, ils doivent être ajoutés pour retrouver le montant primitif de l'Arriéré.

Le Compte du Trésor nous aurait sans doute fait connaître ces paiemens ; mais il n'est pas publié, et nous ne pouvons recourir qu'à des renseignemens incomplets et à des conjectures.

Paiemens sur la Dette du Ministère des Finances.

Il est de notoriété publique que tous les porteurs d'Effets du Trésor ont été remboursés aux échéances ; que tous les propriétaires de fonds déposés ont été satisfaits en 1814, puisque le Crédit du Trésor s'était élevé au point de négocier ses Effets ayant six mois et un an d'échéance, à cinq et même à quatre pour cent ; que, de toutes parts, les anciens et les nouveaux Créanciers du Trésor se pressaient, assiégeaient les caisses, non pour réclamer leur remboursement comme aux jours d'infidélité et de discrédit, mais pour apporter et déposer leurs fonds en échange d'Effets publics, à l'intérêt le plus modique.

Le Trésor n'avait plus que des Créanciers volontaires ; dès-lors il était libéré.

La Dette du Ministère des Finances, montant à 115 millions exigibles au 1.er avril 1814, peut donc être considérée comme ayant été effectivement remboursée.

D'ailleurs tous les Effets émis avant le 1.er avril ont dû échoir en 1814, et les Créanciers primitifs, porteurs de ces Effets, ont dû presque tous être matériellement remboursés au moins pour les sommes ci-après *(pages 29 à 36 du Compte de 1814)* (1) ;

SAVOIR :

Les Traites du Caissier général *(pag. 29 ou 41)* .... 8,873,000^f

Les Mandats sur les

____

(1) Et dans quelques exemplaires auxquels le Discours est joint, *pag. 41 à 48.*

Receveurs généraux *(idem)*............ 15,000,000[f]

Les Traites et Effets à payer *(idem)*..... 8,813,000.

Les Bons de la Caisse d'Amortissement *(p. 33 ou 45)*............. 23,225,000.

Le Compte rendu par le Gouverneur provisoire de la Banque de France, le 28 janvier 1815, nous a appris qu'il avait été payé à la Banque, pour intérêts et remboursement par le Trésor, en 1814, sur son prêt de 54 millions, une somme de 16,139,000.

72,050,000[f]

et qu'il ne lui a été demandé aucun escompte, aucun prêt par le Trésor.

L'État D, *page 99* du Compte des Finances de juin 1815, nous apprend que le Trésor a payé, du 1.er avril 1814 au 1.er mai 1815, sur l'Arriéré de 1813 et antérieurs, la somme de............................... 61,908,000.

Paiemens sur les Dettes arriérées des divers Ministères.

Reporté.... 133,958,000.

Report.... 133,958,000^f

SAVOIR : *(Extrait de l'État D).*

INDICATION DES SERVICES.	PAIEMENS FAITS		TOTAUX.
	en numéraire.	en Obligations.	
Dette publique...	1,743,000^f	....	17,43,000^f
Grand-juge......	913,000.	88,000^f	1,001,000.
Relations extér.^{res}.	1,066,000.	1,618,000.	2,684,000.
Intérieur et Cultes.	11,303,000.	2,722,000.	14,025,000.
Finances (dépenses administratives).	1,938,000.	3,713,000.	5,651,000.
Guerre.........	4,072,000.	21,177,000.	25,249,000.
Marine	3,807,000.	7,569,000.	11,376,000.
Police générale...	179,000.	....	179,000.
SOMME parcille.	25,021,000.	36,887,000.	61,908,000.

<table>
<tr><td>

Paiemens sur la Dette arriérée du Ministère de la Guerre.

</td><td>

Les paiemens sur l'Arriéré du Ministère de la Guerre ne sont portés, dans l'État D, que pour la somme de............. 25,249,000^f

Cependant je remarque que l'Exposé de la situation de l'Empire *(version du Journal de l'Empire)* présente le calcul ci-après :

« La totalité de la Dette arriérée du
» Ministère de la Guerre ne montait ....

</td></tr>
</table>

Reporté... 133,958,000.

Report . . . 133,958,000^f

» qu'à la somme de . 277,926,000^f

« *D'après lés paie-*
»*mens faits* sur l'Ar-
»riéré , depuis le mois
»d'avril 1 8 1 4 , la Dette
»arriérée du Ministère
»de la Guerre, au 1.er
»juin 1 8 1 5 , se réduit
»à la somme de. . . . . 218,225,000.

J'en tire la consé-
quence incontestable
que les paiemens ef-
fectués pendant ce
laps de temps se sont
élevés à. . . . . 59,701,000.

J'en déduis la
somme portée dans
l'État D. . . . . 25,249,000.

Et j'en conclus en-
corequ'il manquedans
l'État D, *pag. 99*, rap-
pelé ci-dessus, une
somme de. . . . . 34,452,000.

Cette somme a été effectivement
payée sur l'Arriéré antérieur au 1.er

Reporté . . . 133,958,000^f

9

Report . . . 133,958,000^f

avril 1814. Je la porte comme faisant
partie de ces paiemens (1) . . . . 34,452,000.

Il a donc été matériellement remboursé sur l'Arriéré de tous les Minis-
tères, plus de (2) . . . . 168,410,000.

Total des Paiemens sur l'Arriéré.

Ces paiemens sur la Dette laissée par l'Administration précédente ont eu lieu dans un court espace de
onze mois, au milieu des embarras et des difficultés
d'un nouveau Gouvernement incertain dans sa marche
et chancelant sur ses bases ; plus des trois quarts de
cette somme ont été payés effectivement en numéraire ;
le Crédit public a été porté dans ce court espace de
temps à un point depuis long-temps inconnu, et il
est monté au plus haut degré qu'il eût passagèrement

---

(1) Cette somme forme probablement le montant des paiemens
faits sur 1814 pour l'Arriéré du 1.er trimestre, et n'a pas été comprise
dans l'État G, qui n'offre que les paiemens sur 1813.

Ces 34,452,000 fr. doivent se trouver confondus dans les paiemens
faits sur 1814 *(État F, page 101)*. Je dois les distinguer et les ajouter ici,
parce que je cherche à établir, d'après les Comptes imprimés, la totalité des paiemens faits sur l'Arriéré antérieur au 1.er avril 1814.

(2) Il avait en outre été payé, pour les dépenses de 1814, 570
millions *(État F, page 101)* ; non compris les paiemens faits sur 1815,
dont il n'est pas question dans le Compte de juin 1815.

En supposant qu'ils n'eussent été que de 50 à 60 millions, le
Trésor aurait payé dans l'année écoulée, du 1.er avril 1814 au 1.er
avril 1815, environ 800 millions, suivant le Compte imprimé du
Ministre des Finances de juin 1815.

atteint pendant les instans les plus heureux des quatorze
années du règne de l'Empereur. Cet état croissant de
prospérité, arrêté tout-à-coup par un événement imprévu, laisse les caisses du Trésor regorgeant d'argent;
le Crédit, plus robuste qu'auparavant, ne succombe
que sous les coups redoublés d'infidélités et de *banqueroutes* multipliées.

Puisse l'Administration actuelle (juin 1815) obtenir
aussi rapidement d'aussi beaux résultats pour le salut
et le bonheur de la France !

Nous avons déjà reconnu que l'Arriéré annoncé
par le Ministère du deuxième trimestre 1815, tantôt
pour 150 millions, tantôt pour..... 220,000,000^f
devait être augmenté de l'Arriéré du
Trésor et des Finances............ 115,200,000.
et des paiemens effectués du 1.er avril
1814 au 1.er mai 1815............ 61,900,000.

Ensemble. .... 397,100,000^f

La Dette arriérée des Ministères est arbitrairement réduite en 1815.

Déjà nous nous rapprochons de l'évaluation du
Ministre des Finances de 1814, et il nous reste encore
à examiner si le Ministre des Finances du second trimestre 1815 n'aurait pas arbitrairement réduit les évaluations et les demandes des autres Ministres.

Le meilleur moyen de démontrer l'exactitude des
nouvelles évaluations eût été de produire les États de
la Dette de chaque Ministère, dressés dans chaque
Ministère et certifiés par chaque Ministre.

Après quinze mois, le travail des liquidations devait être en grande partie terminé, ou assez avancé pour que l'ensemble en fût connu et les résultats prévus, et pour que chaque Ministre eût pu remettre à celui des Finances un État complet et certifié de la Dette de son Ministère.

Aucun des Ministres n'a dû négliger d'expliquer par quelle heureuse découverte les premiers aperçus établis et certifiés par les mêmes bureaux en 1814, sont diminués de plus de moitié en juin 1815.

Le Ministre des Finances annonce, *pag.* 5 de son Rapport, qu'il a recueilli des renseignemens dans les divers Ministères sur leur Dette arriérée.

Si les États qui lui ont été transmis par les Ministres sont d'accord avec les États G imprimés dans le Compte des Finances, on aurait dû les produire; s'ils sont différens ou si le Ministre des Finances de 1815 a cru devoir les modifier et en réduire arbitrairement les résultats, il aurait dû faire connaître ces réductions et leurs motifs.

L'Exposé imprimé dans le Moniteur, et le Compte des Finances, nous laissent sur tous ces points dans une ignorance complète.

J'assistais à la séance de la Chambre des Pairs du 13 juin, et je me souviens très-bien que le Ministre de l'Intérieur prononça, d'une voix intelligible, des renseignemens étendus et des calculs détaillés sur la consistance de la Dette arriérée du Ministère de la

Guerre. Il rappelait le montant annoncé en 1814, et il reconnaissait pour le Ministère de la Guerre seul une Dette arriérée de la somme de 277,927,688 francs, et même de 373,927,688 francs en y comprenant 1814; il n'accusait les calculs, ou plutôt les premières évaluations de 1814, que d'une exagération définitive de 113,072,313 francs, sur la masse de ces évaluations montant à plus de 14 cents millions.

J'ai vainement cherché dans le Moniteur, et dans l'Exposé imprimé séparément et distribué officiellement par ordre du Ministre de l'Intérieur, ces renseignemens et ces calculs que je retrouvais dans ma mémoire.

Le Moniteur et l'Exposé ne parlent plus que d'une Dette totale appréciée *in globo* 140 à 150 millions, somme inférieure à la Dette que j'avais entendu avouer pour le Ministère de la Guerre seul : avais-je donc rêvé! Un Créancier de l'État ne s'endort pas, même à une séance de la Chambre des Pairs (juin 1815), quand il est question du montant et du paiement de la Dette arriérée.

Comment expliquer le démenti formel que ma mémoire imperturbable sur cet article donnait au Moniteur et à l'Exposé imprimé officiellement!

Je ne pouvais recourir aux archives des deux Chambres.

Je consulte les Journaux : j'y vois des traces plus ou moins fortes des calculs et des renseignemens que j'ai retenus ; enfin, le Journal de l'Empire me tombe entre les mains : par un louable empressement, il a donné à ses lecteurs, le 14 juin, un extrait très-étendu et presque littéral de l'Exposé lu aux Chambres le 13, tandis que le Moniteur, contre son habitude, n'a donné ce texte que deux jours après la séance. Quels sont mon étonnement et ma satisfaction de reconnoître dans le Journal de l'Empire les phrases, les calculs qui ne sont plus dans l'Exposé officiel et dans le Moniteur ! Dieu soit loué, j'ai bien entendu ; ma mémoire est fidèle.

L'Exposé imprimé officiellement a été falsifié.

Quels étranges soupçons s'élèvent dans mon esprit !

Aurait-on changé, en l'imprimant, un Exposé de la situation de l'Empire présenté aux deux Chambres, prononcé par deux Ministres, au nom du Gouvernement !

Aurait-on osé falsifier de tous les Rapports le plus officiel, le plus solennel, pour l'offrir aux yeux de la Nation et des lecteurs, autre qu'il n'a été prononcé dans les Chambres ?

Qui a eu cet excès d'audace ?

Par quel motif et dans quelle vue ?

Je me perds en conjectures.

Plaçons les deux textes sous les yeux de nos lecteurs, et laissons-leur le soin de deviner cette énigme. Je mets en *caractères italiques*, dans la première version, les mots supprimés, et dans la seconde, les mots substitués.

EXTRAIT de l'Exposé de la Situation de l'Empire, présenté et lu, le 13 Juin 1815, à la Chambre des Pairs, par M. le Comte Carnot, Ministre de l'Intérieur, et à la Chambre des Représentans, par M. le Comte Regnaud (de Saint-Jean-d'Angely).

ARTICLE intitulé : *DÉPENSES DE LA GUERRE.*

Texte suivant le Journal de l'Empire, du 14 juin 1815.	*Texte suivant le supplément du Moniteur, du 15 juin, et suivant l'Exposé officiel distribué par le Ministre de l'Intérieur, pag. 28,*
C'est-à-dire,	C'est-à-dire,
Première version lue dans les deux Chambres, et supprimée dans l'Imprimé officiel et dans le Moniteur.	*Seconde version imprimée officiellement, et substituée à celle qui fut lue dans les deux Chambres.*
C'est dans cette vue que le Ministre des Finances (*Baron Louis*), dans le Compte qu'il rendit en	C'est dans cette vue que le Ministre des Finances, dans le Compte qu'il rendit en juillet 1814, de la Dette

juillet 1814, de la Dette arriérée de la Guerre, en porta la somme à 487 millions, *dont 300 millions antérieurs au 1.er janvier 1814, et 187 millions pour le 1.er trimestre de ladite année.*

Mais d'après *les renseignemens les plus exacts, la totalité de la Dette arriérée jusqu'au 1.er avril 1814 ne montait qu'à la somme de 277,927,688 francs. Il y avait donc exagération de 209,072,313 francs.*

A la vérité, le Ministre des Finances réservait sur les 187 millions présentés comme dus pendant le premier trimestre 1814, une somme de 96 millions pour payer les dépenses courantes des neuf derniers mois.

Ainsi, en réglant un Budget pour des dépenses à venir, on voulait payer les dépenses courantes avec des valeurs spécialement affectées à l'Ar-

arriérée de la Guerre, en porta la somme à 487 millions.

Mais d'après *une appréciation raisonnée des renseignemens donnés par les bureaux du Ministère de la Guerre, on peut penser que, par le résultat d'une liquidation exacte de dépenses qui remontent à plusieurs années et dont l'évaluation repose sur des élémens primitifs que les événemens de la guerre ont considérablement changés, la Dette effective n'ira pas en réalité au-delà de 140 à 150 millions.*

riéré ; et tout en annonçant le besoin de combler l'ancien Arriéré, on en créait en même temps un nouveau pendant la paix.

D'après les paiemens faits sur l'Arriéré, depuis le mois d'avril 1814, la Dette arriérée du Ministère de la Guerre, au 1.er juin 1815, se réduit à la somme de 218,225,962 fr.

En défalquant les 96 millions portés à tort dans l'Arriéré antérieur au 1.er avril 1814, il n'en est pas moins avéré qu'il y a eu dans l'évaluation de la Dette arriérée de la Guerre, exagération de 113,072,313 fr.

Nota. Dès que les Valeurs destinées au paiement de l'Arriéré étaient au pair, elles pouvaient être données en paiement, indistinctement comme le numéraire ; ce n'était pas créer, mais solder et combler un Arriéré.

Il ne serait pas impossible que le Rédacteur du Journal de l'Empire eût omis ou changé quelques phrases ; mais aurait-il pu inventer des phrases qui n'auraient pas été prononcées, substituer d'autres chiffres, d'autres résultats à ceux qu'il avait entendus !

Il ne serait pas impossible que le compositeur du Moniteur eût sauté par-dessus quelques lignes ; mais quelle main officieuse a réparé les lacunes, a substitué des mots, des chiffres, des phrases et des résultats entièrement dissemblables à ceux qui ont été lus aux Chambres! Quelle main adroite, par l'insertion d'une phrase insignifiante et amphigourique, a rétabli l'harmonie entre l'Exposé et le Compte des Finances distribué aux deux Chambres quatre ou cinq jours après!

N'est-ce pas évidemment la même main qui a cru devoir supprimer les phrases et les chiffres que le Ministre de l'Intérieur avait puisés dans les notes qui lui avaient été fournies par le Ministre de la Guerre, et qui donnaient un démenti formel aux calculs arrangés avec variation dans le Compte du Ministre des Finances!

En effet, le Ministre des Finances du deuxième trimestre 1815 voulait absolument, dans son État G, *n.° 4, page 105,* que l'Arriéré du Ministère de la Guerre ne fût que de 89,450,000 francs, et le Ministre de l'Intérieur démontrait, d'après les calculs du Ministère de la Guerre, que cet Arriéré était de 277,927,688 fr., et même, en y comprenant 1814, de 373,927,688 francs.

Le Ministre des Finances de juin 1815 ne voulait avouer qu'un Arriéré total de 140 à 150 millions pour tous les Ministères, et le Ministre de l'Intérieur reconnaissait pour la Guerre seule un Arriéré de 277, et même de 373 millions.

Le Ministre des Finances de juin 1815 voulait accuser le Ministre des Finances de 1814, d'avoir doublé ou triplé l'Arriéré, et le Ministre de l'Intérieur ne l'accusait que d'une exagération du dixième du Budget total.

Ces contradictions avaient eu lieu, parce que le Ministre de l'Intérieur avait, par un oubli impardonnable, négligé de soumettre les calculs exacts et rigoureux des bureaux du Ministère de la Guerre, aux arrangemens et variations arbitraires du Ministère des Finances ; il avait franchement, solennellement, étourdiment proclamé aux tribunes des deux Chambres, des résultats vrais, certifiés et garantis par le Ministre compétent, mais qui dérangeaient les états mensongers du Ministère des Finances du second trimestre 1815.

Que fera celui-ci !

Reconnaîtra - t - il ces résultats, changera - t - il son Compte déjà imprimé, pour revenir à la vérité, que l'on a eu la maladresse d'avouer sans sa permission !

Le cas est embarrassant : il réfléchit qu'un petit nombre d'auditeurs seulement était présent dans les Chambres ; qu'il s'agit de calculs que la plupart n'auront pas écoutés, que tous auront oubliés : son parti est bientôt pris.

Courons vîte chez le Ministre rédacteur ; de son aveu ou à son insu, envoyons au Moniteur, à l'Imprimerie impériale ; hâtons - nous d'empêcher leurs presses de devenir, par un hasard extraordinaire, les fidèles échos de la vérité ; falsifions les épreuves, puisque le manuscrit a échappé à notre influence : ceux qui ont entendu prononcer l'Exposé ne le reliront pas ; les plus intrépides lecteurs n'en soutiendront qu'une lecture ; les journaux n'en donneront que des extraits inexacts : notre falsification échappera donc à tous les yeux.

Mais un Journal a devancé cette censure ministérielle ; il a donné le texte littéral et véridique de ces paragraphes. Un des auditeurs, non content d'avoir écouté et retenu, a lu, relu et comparé toutes les versions ; il a, pour qualifier dignement cette misérable ruse, découvert et tiré le bout d'oreille ; il a signalé cette petite malice cousue de fil blanc !

Que de tristes et amères réflexions cette falsification bien avérée doit inspirer sur la fidélité des Rapports des Ministres du deuxième trimestre 1815, sur leur respect pour la vérité, pour les deux Chambres, pour la Nation ! Je m'en abstiens, et je cède la plume à un des leurs, à l'auteur anonyme des *Observations et des Notes* publiées en 1814.

« Je laisse à juger de quel côté se trouve ici l'inexac- » titude ou la bonne-foi. (*Observations, page 37.*)

» Il commence, suivant son usage, par altérer le » texte,..... afin de se placer sur un terrain qui lui » convienne. Cette tactique peut être fort habile, mais » elle ne dénote pas beaucoup de bonne-foi. (*Notes* » *en réponse à l'Opinion d'un Créancier de l'État, pag. 10.*)

» Il est bien pénible de marcher continuellement » sur les pas d'un homme qui s'égare dans les fausses

» routes qu'il s'est lui-même frayées, et qui l'éloignent
» toujours de plus en plus du droit chemin. (*Idem,*
» *page 15.*)

» Je finis par perdre patience ; il faut pourtant me
» contenir encore un moment : il me reste à relever
» un dernier tour d'adresse aussi fin que tous les
» autres. (*Idem, pages 17 et 18.*) »

Malheureusement il me reste bien plus d'un *tour
d'adresse* à relever, et j'ai besoin de beaucoup de patience encore.

J'ai dû m'étendre en preuves sur celui-ci, parce qu'il
est fondamental, qu'il était fort astucieusement enveloppé, et qu'il suffit pour faire apprécier la véracité
de l'Exposé de la situation de l'Empire et des Comptes
de l'Administration des Finances de juin 1815.

Revenant à l'appréciation de l'Arriéré, je crois
qu'il m'est permis de prendre pour base, relativement
au Ministère de la Guerre, les calculs donnés par le
Ministre de l'Intérieur, heureusement recueillis et sauvés par le Journal de l'Empire de la main invisible qui
a tenté de les ensevelir dans la nuit du mensonge.

Arriéré réel
du Ministère
de
la Guerre.

L'Arriéré de la Guerre est donc définitivement reconnu et fixé à 277 millions, et même à 373 millions
en y comprenant 1814, au lieu de 89 millions : c'est
ce qu'il s'agissait de prouver, et ce qui est démontré
par les aveux et les contradictions dés Ministres du
deuxième trimestre de 1815 (1).

____

(1) Ces résultats doivent être d'accord avec l'État que le Ministre

Arriéré
des divers
Ministères.

· Quant aux autres Ministères, le silence le plus absolu est gardé dans l'Exposé et dans le Compte, sur l'évaluation de leur Arriéré : *on ne prouve*, on n'accuse aucune exagération. On produit, il est vrai *(pages 102 à 105)*, des États G bien inférieurs aux évaluations de 1814 ; mais ces États sont intitulés *aperçus*, ils servent de base à des crédits d'à-compte, ils sont sans preuves, ils ne peuvent faire règle, et nous devons nous reporter, sans crainte d'erreur, aux premières évaluations extraites d'États certifiés par les Ministres.

Récapitulation
du montant réel
et rectifié
de l'Arriéré.

D'après les discussions et les calculs qui précèdent, l'Arriéré devra être évalué comme il suit :

1.º Le Ministre des Finances du deuxième trimestre 1815 propose d'accorder et de répartir entre les Ministres (non compris les fonds de réserve et les Finances), ci . . . . 126,480,000^f

2.º Il omet l'Arriéré du Trésor et des Finances , remboursé en grande partie . . . . 115,225,000.

3.º L'Arriéré du Ministère de la Guerre est reconnu, dans l'Exposé (*version du Journal de l'Empire*), par le Ministre de l'Intérieur, s'élever

Reporté . . . 241,705,000.

---

des Finances a dû recevoir du Ministre de la Guerre en 1815, et qu'il n'aura pas voulu suivre, tandis que le Ministre de l'Intérieur s'y sera conformé dans l'Exposé.

Report... 241,705,000.

à la somme de.... 277,928,000.

Sur laquelle il reste, dit-il, à payer..... 218,226,000.

Et sur laquelle par conséquent il a été payé............ 59,702,000.

SAVOIR :

Sur 1813 (État D, *page 99*)......... 25,249,000.

Et le surplus, sur 1814............ 34,453,000.

Somme pareille.. 59,702,000^f

Le Ministre des Finances de 1815 ne demande, pour le Ministère de la Guerre, qu'un crédit de 89,450,000.

Il omet les paiemens faits........ 59,702,000.

Il réduit arbitrairement.......... 128,776,000.

Somme égale aux calculs du Ministre de l'Intérieur dans l'Exposé *(version du Journal de l'Empire)*... 277,928,000.

Reporté... 241,705,000.

Report.... 241,785,000.^f

Il faut donc, pour retrouver l'évaluation primitive, rétablir,

Les paiemens effectués sur 1813 . . . . . 25,249,000.

La réduction démentie dans l'Exposé par le Ministre de l'Intérieur et par celui de la Guerre . . . . 128,776,000.

Dissimulation et réduction arbitraires sur la Guerre seule, pour 1813 et années antérieures . . . . 154,025,000. ci 154,025,000.

4.° L'Arriéré des autres Ministères a été réduit par le Ministre des Finances de 1815, à . . . . 30,300,000.

Au lieu de la somme portée dans le Compte de 1814 . . . . 112,334,000.

Il n'est pas justifié

Reporté . . . . 395,730,000.

Report . . . . 395,730,000^f

que les Ministres aient demandé cette réduc-tion ; dès - lors leurs premières demandes continuent de subsis-ter, et il faut rétablir la différence à l'Ar-riéré, ci . . . . 82,034,000. ci 82,034,000.

Le Ministre des Finances du 2.e trimestre 1815 ne pouvait se dispen-ser, d'après les preuves qu'il avait en main, de reconnaître, pour être exact, que l'Arriéré s'élevait à . . . . 477,764,000.

Cet Arriéré avait été évalué par le Ministre des Finances de 1814, *page 124*, (non compris 1814) à . . . . 527,559,000.

L'exagération de l'Arriéré de 1813 paraît donc avoir été au plus de (1) . . 49,795,000.

Exagération d'un dixième de l'Arriéré par le Ministre de 1814.

Cette exagération n'égale pas le dixième de l'éva-luation totale.

Une pareille erreur est-elle bien grave, bien condam-nable, bien dangereuse !

___

(1) *Voir* l'Opinion d'un Créancier de l'État, *pages 21 et 22, 75 et suivantes.*

N'était-elle pas inévitable à l'époque où le Compte de 1814 fut dressé, trois mois après le changement du Gouvernement et du Ministère ?

Le nouveau Budget dressé quinze mois après, en juin 1815, est bien moins exact, puisqu'il ne reconnaît en apparence qu'une Dette de...... 251,775,000ᶠ

Tandis qu'il devait en reconnaître une de.................... 477,764,000.

Dissimulation totale........... 225,989,000.

Le Compte publié en juin 1815 ne nous révèle donc pas la vérité ; il ne fait que changer de système ou plutôt d'erreur ; il substitue une dissimulation de 226 millions à une exagération de 50 millions.

Le Trésor et ses Créanciers ont-ils gagné à changer d'erreur !

En exagérant les besoins d'un dixième, on obtenait des crédits surabondans, et tous les paiemens étaient d'autant mieux assurés.

En dissimulant les besoins, en les atténuant de moitié, en ne demandant que des fonds insuffisans, on effraie les Créanciers, on détruit le Crédit, on rend le paiement et la libération de l'État impraticables.

Les Ministres des Finances ne travailleraient-ils pas plus utilement pour leur pays, et plus honorablement pour leur réputation, en s'occupant de connaître et de dire la vérité, bien plus que de critiquer les projets, de renverser les plans, de relever les erreurs prétendues et d'exagérer les torts de leur prédécesseur ?

Espérons, qu'à l'avenir nous les verrons uniquement animés d'une patriotique émulation, ne lutter entre eux que de zèle et de talens.

OBSERVATIONS SOMMAIRES

SUR LE BUDGET DE 1814 (1).

LE premier reproche fait par le Ministre des Finances du deuxième trimestre 1815 au Budget de 1814, est celui ci-contre *(page 11 du Compte.)*

Il serait à peine croyable que le Ministre des Finances de 1814 *n'eût pas aperçu* un pareil déficit dans son Budget ; mais il est presque aussi incroyable que le Ministre des Finances de juin 1815 lui reproche de *ne l'avoir pas aperçu*, si en effet il l'a vu et annoncé textuellement.

Le Compte de 1814 doit nous indiquer laquelle de

« Le Budget décrété le 23 » septembre 1814, avait fixé » les recettes faites ou à faire à » la somme de . 520,000,000ᵗ

» Les dépen-
» ses payées ou
» restant à payer
» sont fixées par
» le nouveau
» Budget , sa-
» voir :
» Pour les paie-
» mens faits dans
» le premier tri-
» mestre 1814,

(1) J'invite de nouveau ceux qui me liront à suivre mes raisonnemens et mes calculs, les deux Comptes de 1814 et de 1815 à la main. J'indique les pages où se trouvent toutes mes citations.

ces invraisemblances est
une vérité.

J'ouvre ce Compte, et
j'y lis, *pages 19 et 27* (1),
les Notes ci-après, que je
transcris en les abrégeant.

» 152,881,000)
» Pour les
» sommes res- } 595,809,000^f
» tant à payer,
» 442,928,000)
» Premier dé-
» ficit que la
» forme compli-
» quée de ce
» Budget *n'a-*
» *vait pas permis*
» *d'apercevoir*.. 75,809,000.

Page 19. « Il pourra paraître contradictoire que
» l'on porte (pour le premier trimestre 1814) les
» sommes payées sur 1814, à....... 152,881,000^f
» et les sommes reçues sur 1814, à.. 77,072,000.

» En sorte qu'il a été payé, pendant
» ces trois mois, une somme de...... 75,809,000.
» en excédant des recettes faites sur 1814.

» L'excédant a été payé sur les recettes des exer-
» cices antérieurs, sur les fonds spéciaux, &c. »

Page 27. N. B. « Les situations des exercices 1813
» et 1814 sont deux exemples frappans des anticipa-
» tions de dépense.

» Sur l'exercice 1814, il n'a été reçu

____

(1) Et dans quelques exemplaires auxquels le discours est joint,
pages 31 et 39.

» que. . . . . 77,072,000^f

» Il a été payé . . . . 152,881,000.

» Les dépenses excèdent les recettes

» de. . . . . 75,809,000.

La suite des Notes indique les causes de cet excédant des paiemens sur les recettes, et quelles sont les ressources qui y ont été employées.

Le Ministre des Finances de 1814, prenant le point de départ de son Budget au 1.er avril, a dû se borner à indiquer la situation au 1.er avril, ce qu'il a fait deux fois ; il n'a pas dû porter la différence de 75,809,000 fr. dans son Budget qui ne comprenait plus que la somme restant à payer au 1.er avril et pendant les neuf derniers mois 1814. Il n'en résultait ni erreur ni déficit, parce que des paiemens effectués ne peuvent former un déficit dans un Budget.

Je m'abstiens de qualifier le reproche qui lui est fait de *n'avoir pas aperçu* un résultat qu'il a deux fois écrit tout au long dans son Rapport. Je le note seulement comme une des preuves de la véracité du Compte de juin 1815.

Les autres observations et critiques principales adressées au Budget de l'exercice 1814, *pages 11, 12, 13, 14 et 15* du Compte publié en juin 1815, sont :

L'inexactitude dans l'évaluation des recettes ;

La dissimulation de plusieurs recettes et dépenses ;

(151)

La combinaison du crédit en forêts ;

Le rejet sur le crédit de l'Arriéré d'une partie des dépenses des neuf derniers mois de 1814.

Je vais examiner successivement ces reproches.

Le Budget des Recettes de 1814 était fixé par la Loi du 23 septembre 1814, à..... 520,000,600.

Le Budget proposé en juin 1815 (*page 56, État A*); fixe les mêmes revenus à.........................(1) 519,038,353.

Quel Budget fut jamais réalisé avec plus d'exactitude ; et ces résultats ne détruisent-ils pas le reproche qu'ils accompagnent !

Il est vrai que quelques recettes produisirent plus que l'estimation qui en avait été faite ; mais le Compte de juin 1815 prouve que les excédans de recettes ne firent que balancer des déficits prévus avec une exactitude que l'on n'aurait osé espérer et que l'on ne pouvait exiger dans les circonstances où le Budget de 1814 fut préparé et proposé.

Les excédans de recettes portent

Sur les Douanes et Sels, qui ont produit (*page 56, État A*)............................ 43,508,932^f
et qui n'avaient été évalués qu'à...... 25,000,000.

Sur ce seul article, il y a un excédant de recette de..................... 18,508,932.

____

(1) Ce résultat n'est encore qu'approximatif.

Je prie de remarquer que de tous les produits du Budget, les droits de Douanes et de Sels sont ceux sur lesquels une Administration des Finances éclairée, vigilante et économe, peut le plus influer par un tarif habilement conçu, par une surveillance active, sévère et peu coûteuse.

Ce revenu est précisément celui qui a le plus surpassé les espérances.

Au 1.er avril 1814, les lignes de Douanes étaient rompues ; la contrebande, organisée sur toutes les frontières, fournissait avec audace à la consommation, et avait formé dans l'intérieur d'immenses approvisionnemens en exemption de tous droits. Il fallut réorganiser les Douanes sur tous les points.

Un tarif entièrement nouveau fut introduit ; on ne pouvait en prévoir les résultats.

La réorganisation fut si prompte et la combinaison du nouveau tarif fut si heureuse, qu'en réduisant la plupart des droits au tiers, au quart et même au-dessous, on découragea la contrebande et on augmenta la consommation à un tel point, que les recettes espérées furent presque doublées.

J'en citerai un exemple bien remarquable.

Les droits perçus sur les Sucres, pendant les neuf derniers mois de 1814, qui ne peuvent compter que pour sept mois de perception, portèrent sur une quan-

.tité de plus de................ 26,500,000 kilog.

La quantité sur laquelle les droits furent perçus en 1813, pour douze mois, ne fut que de 7,000,000.

L'accroissement de l'importation et de la consommation fut, pendant sept mois de 1814, comparé à douze mois de 1813, de.. 19,500,000 kilog.

En 1813, la France comptait cent trente Départemens cernés par une frontière intacte, défendue de la contrebande par des fleuves et des montagnes, et par une triple ligne de Douanes.

En 1814, la France ne comptait plus que quatre-vingt-sept Départemens, sa frontière était ouverte, et sa ligne de Douanes rompue de toute part et désorganisée.

Cependant la quantité de Sucre importée et consommée, sur laquelle les droits furent perçus, fut, proportionnellement en 1814, six fois plus considérable qu'en 1813.

	Sucre brut.	Sucre terré.
Le droit perçu en 1813 était, par quintal, de................	300^f	400^f
Le droit perçu en 1814 n'était, par quintal, que de.........	65.	100.
Ce droit avait été réduit des trois quarts...................	235.	300.

Réduction du Droit sur les Sucres et Accroissement du Produit de ce Droit.

{ 154 }

Cependant l'ancien droit, exorbitant, n'a produit, pendant les douze mois de 1813, dans cent trente Départemens, que 22 millions.

Sur ce pied, le droit n'a produit en 1813, pour les quatre-vingt sept Départemens,

que.......................... 14,500,000^f

sur lesquels il a fallu prélever des frais énormes de surveillance et d'administration.

Sept mois de 1814 produi-sirent, par le nouveau droit, 12,900,000 fr. ; douze mois, sur ce pied, auraient produit...... 22,000,000.

avec beaucoup moins de frais et de dépenses.

Malgré la diminution du droit, ou plutôt à cause de cette dimi-nution, le produit annuel a aug-menté de................. 7,500,000.

bénéfice auquel il faut ajouter, le montant d'une très-forte diminution de dépense, et tous les avantages provenant de la réduction de la fraude, de la facilité de la surveillance, de la diminution du prix marchand, qui, en sextuplant la consommation, a procuré une jouissance utile, excité le travail et produit une foule d'autres avantages pour toutes les classes du peuple.

Admirable preuve de ce principe d'administration,

que *les tarifs les plus élevés ne sont pas les plus produc-tifs*, et que *le meilleur tarif pour les Finances comme pour la richesse publique est celui qui approche le plus près du point où la consommation s'élève au plus haut degré, où la fraude est sans profit et la surveillance peu coûteuse.*

Principe ignoré de l'Administration précédente, qui ne connaissait d'autres moyens d'accroître ses produits, que d'élever ses tarifs, et d'y ajouter les saisies, les confiscations, les violences et les injustices.

Le produit des Coupes de Bois avait Coupes de Bois
été estimé...................... 10,000,000^f
Elles produisirent *(page 56, État A).* 24,542,982.

Les recettes excédèrent l'estimation
de............................ 14,542,982.

Au 1.er avril 1814, les acquéreurs des Coupes de Bois étaient en réclamation, prétextaient des pertes, des retards d'exploitation, réclamaient des délais et des réductions entières ou partielles. *(V. page 12 (1) du Compte de 1814.)*

L'activité et la sévère justice apportées dans la décision de leurs réclamations, ont permis de recouvrer bien au-delà de ce que l'on devait espérer.

Quelles critiques peuvent être moins fondées que celles qui portent sur les deux articles ci-dessus ! On ne peut les prendre que pour des éloges déguisés dus à la délicatesse d'un successeur impartial.

______

(1) Ou *page 24* dans quelques exemplaires.

Centimes
et
Contributions
extraordinaires
de
1813 et 1814.

On reproche au Ministre des Finances de 1814 d'avoir omis de comprendre dans le Budget le produit des Centimes extraordinaires de 1813 et de 1814 : on feint d'oublier qu'il a plusieurs fois annoncé cette déduction, et qu'il en a expliqué les motifs dans ses rapports et dans ses discours ; il s'en explique *(pages 11 et 12 (1) de son Rapport)* comme il suit :

« Dans un grand nombre de Départemens, le recou-
» vrement a été troublé ; les perceptions ont été faites
» pour le compte des armées qui les occupaient ; les
» réquisitions, les ravages de la guerre, ont mis plu-
» sieurs Départemens hors d'état de payer leurs contri-
» butions ; les déficits de recouvrement sur les contri-
» butions directes ordinaires des années 1813 et 1814
» seront très-considérables.

» *Nous ne porterons que pour mémoire,* dans nos éva-
» luations, les cinquante centimes extraordinaires sur
» la contribution foncière de 1814, et le doublement
» des contributions personnelle et mobilière et des
» portes et fenêtres. Nous supposerons qu'une grande
» partie de ce produit sera absorbée par sa compensa-
» tion avec les bons de réquisitions autorisés par arrêt
» du Conseil du 13 juin dernier, et que les sommes
» qui ont été ou seraient recouvrées dans les Départe-
» mens restés intacts, *suffiront seulement pour couvrir les
» non-valeurs inévitables et les dégrèvemens* dans ceux

____

(1) Ou *pages 23 et 24.*

» où le recouvrement des contributions ordinaires est
» devenu impraticable.

» Cette évaluation, comme la plupart de celles que
» nous présentons au milieu des incertitudes qui nous
» environnent, est fort éventuelle.

» Le Compte du produit des Contributions directes
» ordinaires et extraordinaires de 1813 et de 1814
» sera présenté à V. M., dès que le recouvrement sera
» terminé : mais, quant à présent, nous croyons pouvoir
» ne considérer les *Contributions extraordinaires que*
» *comme la compensation des Contributions ordinaires enle-*
» *vées au Trésor* par les perceptions étrangères, par les
» réquisitions et par les dévastations ; et cette considé-
» ration est certainement le plus puissant motif qui
» exige le maintien des Contributions extraordinaires
» pour 1814, puisqu'elles n'ajoutent rien aux ressources
» du Trésor, et *qu'elles comblent seulement le déficit*
» que les événemens y ont apporté. »

Pour juger si le Ministre des Finances de 1814 a
été exact dans ses évaluations et fidèle à ses promesses,
il faut faire le calcul de la compensation qu'il promettait
de faire entre les Contributions ordinaires qui auraient
été perdues pour le Trésor, et les Centimes extraordinaires qu'il a reçus.

Les Contributions directes ordinaires étaient portées
au Budget de 1814, pour leur montant intégral, qui
était de..................................... 291,266,000ᶠ

Le Ministre de juin 1815 ne les porte
plus, dans son Projet de Budget

(page 56, État A), qu'à la somme de 280,266,000^f

Il fait, sans en prévenir, une réduc-
tion de . . . . 11,000,000.

Mais cette réduction est insuffisante ; car (suivant
l'*État E, page 100*) les recettes effectuées ne s'élevaient
au 1.er mai qu'à la somme de . . . . 262,652,000^f

A cette époque, quatre mois après
la clôture de l'année 1814, les recouvremens touchaient à leur terme. Les
événemens postérieurs auront à peine
permis de recouvrer deux ou trois millions de plus.

L'évaluation primitive du Budget
de 1814 était de . . . . 291,266,000.

La perte pour le Trésor, sur les
Contributions directes ordinaires, aura
dû être de près de . . . . 28,614,000.

25 millions
payés
aux Étrangers.

Au 1.er avril 1814, plus du tiers de
la France était occupé par des armées
étrangères, qui y percevaient les contributions pour leur compte. Il fut stipulé,
par les articles secrets du Traité de
paix, que l'administration et la perception des revenus publics seraient immédiatement rendues aux agens du Roi,
sous la condition de racheter ces revenus par le paiement d'une somme de 25,000,000.

Cette somme était, pour le Trésor, un réduction sur le produit des Contributions ordinaires, et elle devait faire partie des compensations prévues par le Ministre des Finances de 1814; mais, au 14 juillet 1814, le paiement de cette somme n'était pas même commencé (1), et il n'était ni nécessaire ni convenable de le publier encore. Sa place lui étaitr éservée dans le Compte de 1815, et son imputation assurée sur le produit des Centimes extraordinaires qui devaient restituer au Trésor le déficit des Contributions directes ordinaires; déficit montant ainsi à... 53,614,000.

Le produit des Centimes extraordinaires a été, suivant le Compte de juin 1815 *(pages 12 et 56)*, de 40,969,756.^{f} ci..................................... 41,000,000.

Produit des Centimes extraordinaires.

Cette compensation opérée, le Trésor éprouve encore sur les Contributions directes ordinaires portées au Budget pour leur montant intégral de

____

(1) Il fut remis pour cette somme des Engagemen ou Promesses de paiement échéant du 1.er décembre 1814 au 31 décembre 1815. *(Page 13 du Compte de juin 1815.)*

291,266,000, un déficit de........   12,614,000.

Ce déficit fut atténué par les excédans de recettes sur les autres produits.

Nous avons vu que les évaluations avaient été dépassées,

Excédant des Recettes.

Sur les Douanes, de 18,500,000.

Sur les Coupes de Bois, de............ 14,500,000.
}
33,000,000.

Restait un excédant de recettes de 20,386,000.

Lequel a été plus qu'absorbé par les déficits ci-après :

Enregistrement et Domaines.

L'Enregistrement et les Domaines étaient évalués, dans le Budget de 1814, à un produit de........... 104,715,000.

Ce revenu n'est plus porté dans le Budget proposé en juin 1815 *(pages 56 et 100, États A et E)*, que pour...... 88,623,000.

Nouvelle réduction faite, sans en prévenir............................ 16,092,000.

Loterie et Postes.

La Loterie n'a rien produit; elle avait été estimée...................... 4,000,000.

Les Postes offriront une réduction au moins de..................... 3,000,000.

Pertes et réductions supérieures à l'excédant de recettes ci-dessus (1)... 23,000,000.

(1) Je néglige les fractions et quelques autres réductions peu im-

Il n'y a donc eu aucun Excédant de Recette dissimulé par le Ministre des Finances de 1814 ; le Compte de juin 1815 nous en fournit la fâcheuse preuve : la compensation prévue et annoncée ne s'est que trop réalisée, et a consommé en entier le produit des Centimes extraordinaires qui, dans cette appréhension, n'avaient été portés que *pour mémoire.*

Néanmoins des décharges considérables avaient été accordées à plusieurs Départemens, et d'autres plus considérables étaient préparées, lorsque le mois de Mars 1815 renversa tous ces projets et bouleversa tous ces calculs.

Une somme de 9,515,500 fr. avait été, par les soins du Ministre des Finances de 1814, reprise sur les fonds emmenés à Blois ; elle fut ramenée à Paris, malgré l'ordre qui devait la conduire à l'île d'Elbe, comme un puissant instrument de fomenter les troubles et la rebellion.

Versement
du
Domaine
extraordinaire.

Cette somme fut provisoirement employée au paiement de la solde arriérée, ainsi que les journaux l'annoncèrent en mai 1814. Elle provenait de la Liste civile, et appartenait à la Couronne : elle ne fut versée à la Caisse de service qu'à titre de dépôt. La question de savoir si cette somme serait rendue à la Couronne, affectée au Domaine extraordinaire, ou abandonnée

---

ortantes : je ne présente pas un Compte, mais des rapprochemens généraux ; il suffit que les masses soient exactes, et elles le sont autant que les Comptes imprimés desquels j'extrais tous les chiffres que je cite.

au Trésor pour être portée au Budget, était indécise au 1.ᵉʳ juillet 1814, lorsque le Budget fut arrêté; et elle ne put ni ne dut y être comprise : sa place était marquée dans le Budget à présenter en 1815.

Le reproche qui suit est encore plus ridicule. Le Ministre des Finances de 1814 formait un Budget et un Compte séparé des Recettes affectées à 1813.

Le Ministre des Finances de juin 1815 lui reproche de ne pas avoir compris ces recettes dans le Budget et le Compte de 1814; il lui reproche également de n'avoir pas porté dans les dépenses de 1814 le rachat des Obligations affectées à l'Arriéré de 1813 et années antérieures; et pour réparer cette prétendue omission, il ajoute à la recette de son Budget de 1814, 20,940,460.ᶠ, et à la dépense pareille somme.

Il conclut plaisamment de ce que le *Budget de 1814* ne comprenait pas *des Recettes et des Dépenses de 1813,* qu'il était incomplet et ne présentait un résultat vrai, ni en recette, ni en dépense.

Après les explications qui précèdent, il est curieux de voir la gravité et l'assurance avec lesquelles le Ministre des Finances du deuxième trimestre 1815 adresse *(pages 12 et 13)* au Ministre des Finances de 1814, les reproches que je viens de discuter. Je les transcris ici, en rappelant sommairement les réponses que j'y ai déjà faites.

« Ce Budget (1814) était d'ailleurs incomplet, en » ce qu'il ne comprenait ni la totalité des Recettes que

(163)

» l'exercice 1814 devait procurer, ni la totalité des
» Dépenses auxquelles il était nécessaire de pourvoir.

» Il manquait au chapitre des Recettes,

» 1.° L'estimation de ce que l'on pouvait attendre du
» recouvrement des Centimes extraordinaires de 1813
» et 1814, portés seulement *pour mémoire*, et qui ont
» produit un versement effectif de.... 40,969,756ᶠ

(RÉP. *Ils ont été absorbés par les non-valeurs.*)

» 2.° Un versement provenant du Do-
» maine privé de l'Empereur, ci....... 9,515,500.

(RÉP. *Ils n'appartenaient pas encore au Trésor.*)

» 3.° L'estimation de ce qui pourrait
» être reçu en 1814, sur le produit de
» la vente des Biens des Communes, qui
» a procuré le versement d'une somme
» de 20,920,460 fr. applicable aux dé-
» penses de cet exercice, ci......... 20,920,460.

(RÉP. *Ils appartenaient à 1813 et non à 1814.*)
» TOTAL de ce qui manquait à
» l'estimation des Recettes... 71,405,716.

» Il manquait, d'un autre côté, au chapitre des
» Dépenses,

» Une somme de 25 millions due aux Étrangers
» en conséquence des articles secrets du Traité de
» Paris, et qui leur a été payée en Bons royaux,
» échéant partie en décembre 1814 et le surplus en
» 1815, ci.................... 25,000,000ᶠ

(RÉP. *Elle n'était pas encore payée.*)

» A quoi il faut ajouter la somme qui
» a été prélevée sur les recettes, pour

Reporté....... 25,000,000.

Report......... 25,000,000ᶠ

» racheter sur la place, au fur et à mesure
» des émissions, les Obligations affectées
» au paiement de l'Arriéré, ci........ 20,920,460.

(RÉP. *Ce Rachat concernait 1813 et non 1814.*)

» TOTAL à ajouter au chapitre des
Dépenses................ 45,920,460.

» Il devient par conséquent indispensable de re-
» faire en entier le Budget de 1814, pour présenter
» un résultat vrai en recette et en dépense. »

J'avoue que je fus d'abord tenté de prendre de pareilles critiques pour des plaisanteries, pour une mystification. Cependant, lorsque je m'aperçus, à mon grand étonnement, que les membres des deux Chambres et la plupart de ceux auxquels le Compte de juin 1815 fut distribué (1), étaient dupes des calculs erronés qu'il renfermait, il me parut utile d'en faciliter la vérification par les observations qui précèdent sur le Budget des Recettes, et par celles qui vont suivre sur le Budget des Dépenses de l'exercice 1814; elles ne sont extraites que des Comptes imprimés, et me paraissent laisser peu de choses à desirer.

Je vais rectifier encore quelques calculs sur un article important de recette.

te des Bois de l'État.

Le Ministre des Finances de 1814 avait demandé, et la Loi du 23 septembre 1814 avait accordé la faculté de vendre trois cent mille hectares de Bois; il avait

____

(1) J'ai déjà dit qu'il en fut distribué douze cents exemplaires au moins.

annoncé, dans son discours du 2 septembre à la Chambre des Députés (*page 29*), qu'il existait en France *cent quatre-vingt-trois mille hectares en trois mille deux cents morceaux détachés au-dessous de cent hectares ;* il avait dès-lors annoncé la nécessité de vendre cent vingt-sept mille hectares en morceaux au-dessus de cent hectares, pour compléter le crédit de trois cent mille hectares.

Pour régler cette opération, le Ministre décida, comme il l'avait annoncé à la Chambre, que tous les morceaux détachés seraient vendus ; que l'on pourrait vendre les angles saillans sur les propriétés particulières, jusqu'au complément des trois cent mille hectares. Il fut recommandé de commencer les ventes par les morceaux estimés 500 fr. l'hectare et au-dessus. *(Page 14.)*

Déjà cent cinquante mille hectares avaient été estimés pour une valeur de 105 millions ;

Vingt-sept mille hectares divisés en neuf cents morceaux avaient été vendus 23 millions ;

Quand le 20 mars interrompit cette opération.

Il en résulte que les morceaux mis en vente étaient, terme moyen, d'une étendue de trente hectares et d'une valeur de 850 fr. l'hectare (1).

---

(1) La Forêt de Baugé n'a pas été mise en vente ; l'estimation n'en a pas même été terminée. La Forêt de Baugé, proprement dite, ne contient que deux cent trente-cinq hectares : on désigne aussi sous ce nom collectif, deux mille hectares environ de Bois disséminés

Le Ministre des Finances de juin 1815 accuse son prédécesseur *(pages 14 et 15)*, d'avoir exécuté ce qu'il avait ouvertement annoncé par ses calculs : la nécessité de vendre des parties de grandes Forêts pour compléter les trois cent mille hectares. Et que fait-il pour nous rassurer ? Il convertit ce crédit en nature en un crédit en numéraire de 300 millions ; il ordonne de vendre les Bois, quel que soit leur prix, et même au-dessous de 500 fr. l'hectare.

En supposant les ventes, terme moyen, au taux de 500 fr., il faudrait, pour compléter le crédit de 300 millions, vendre six cent mille hectares de Bois au lieu de trois cent mille accordés par la Loi du 23 septembre 1814.

Il faudrait donc prendre au moins quatre cent mille hectares sur les grandes Forêts.

Lequel ménageait le plus le sol forestier, du crédit de 300 mille hectares du Ministre des Finances de 1814, ou du crédit de 300 millions du Ministre des Finances de juin 1815 ? Et à quoi songe celui-ci de venir accuser le premier, en même temps qu'il fait des propositions deux fois plus désastreuses pour les Forêts, *si les vendre est un désastre !*

sur six ou sept lieues de pays, et séparés en petits morceaux isolés, par des propriétés particulières. Parmi ces Bois, il en existe qui offrent une suite de huit cents hectares environ de morceaux irréguliers, se touchant par une ou deux rives, et environnés de plusieurs côtés par des propriétés particulières : ils sont d'une garde difficile ; la plus grande partie serait, par ces motifs, dans le cas d'être vendue.

Le Ministre des Finances du deuxième trimestre 1815 demande, dans son Projet de Budget de 1814 (*pages 13, 21, 56 et 100, États A et E*), un crédit supplémentaire sur le produit des Ventes de Bois décrétées par la Loi du 23 septembre 1814, de la somme de. 184,479,855^f

Le Ministre des Finances de 1814 avait demandé, pour aligner le Budget de l'exercice 1814, un crédit extraordinaire en valeurs de l'Arriéré, c'est-à-dire à prendre sur le produit des Bois, de. . . . . 231,606,000.

Il n'y a donc, en résultat, de différence entre les supplémens de Ressources extraordinaires demandés par les deux Ministres pour 1814, que la somme de. 47,126,145.

Cette réduction paraît l'accomplissement de la promesse faite par le Ministre des Finances de 1814. (*Page 19 où 31.*)

« Cet excédant (231,606,000 francs) provient de » l'excès des dépenses du premier trimestre de 1814; » il forme déficit sur 1814. J'ai la confiance qu'*il sera » considérablement réduit* par les économies que les » Ministres obtiendront dans le cours de l'année, et » par l'examen des créances des premiers mois de 1814, » fait avec justice, mais avec sévérité.

» Ce déficit du premier trimestre de 1814 devra

» être reporté sur le crédit ouvert pour le paiement
» des dépenses antérieures au 1.er avril, puisqu'il est
» démontré qu'il ne peut être acquitté sur les recettes
» de l'année. C'est le seul moyen de rétablir l'équilibre
» entre les Recettes et les Dépenses de 1814. »

Moyens
d'y pourvoir.

Cette manière de rétablir l'équilibre entre les Recettes
et les Dépenses de 1814, a été critiquée par le Ministre
des Finances de juin 1815 *(pages 11, 12 et 13). Il
était*, dit-il, *également contraire à la Loi de payer les
Créanciers du premier trimestre 1814 en numéraire, et
ceux des neuf derniers mois 1814 en Obligations.*

On n'a pu émettre des Obligations que lorsqu'elles
ont été créées.

Pouvait-on payer autrement qu'en numéraire du
1.er avril au 23 septembre 1814 ? Eût-il été préférable
de suspendre tout paiement ? les Créanciers songent-
ils à s'en plaindre ? en est-il résulté un tort réel pour
le Trésor ? et ne l'accuse-t-on pas d'avoir trop bien fait ?

Il eût été injuste de payer les Créanciers des neuf
derniers mois en valeurs de l'Arriéré, dit-on encore.

Mais si, comme cela fut, les valeurs affectées au
paiement de l'Arriéré étaient maintenues au pair, n'était-
il pas indifférent pour les Créanciers d'être payés en
Obligations ou en numéraire ; et ne suffisait-il pas,
pour l'exécution de la Loi, que la somme des Obligations émises n'excédât pas le montant de l'Arriéré
liquidé et payé, n'importe en quelles valeurs ? C'était
là le seul résultat important. Les combinaisons intermédiaires, loin d'être reprochables, doivent être ap-

prouvées et louées, si elles ont été favorables aux intérêts des Créanciers et à ceux du Trésor.

Le Ministre des Finances de 1814 avait proposé, et la Loi du 23.e septembre avait réglé le Budget des Dépenses de l'exercice 1814, à la somme de................................. 827,415,000^f

Le Ministre des Finances du deuxième trimestre 1815 a proposé de le fixer (*page 57, État B*) à......... 729,003,464.

La réduction des premiers calculs qu'il déclarait si prodigieusement exagérés, est donc de................. 98,412,000.

Dans les réductions qui composent cette somme, il en est plusieurs que personne ne peut accuser : il n'y a certainement (en Finances) que des éloges à donner aux Ministres qui par la suppression de dépenses exagérées ou superflues, par des habitudes sévères d'ordre et d'économie, sont parvenus à réduire leurs dépenses définitives au-dessous des premières estimations et du crédit accordé par la Loi.

Je ne crois pas qu'aucun Ministre des Finances, qu'aucun Représentant, qu'aucun Contribuable pût blâmer

Le Ministre des Affaires étrangères, d'avoir, sur un Budget de 6,158,000 fr.

Reporté... 98,412,000.

Report... 98,412,000^f

obtenu une économie de 1,000,000.

Le Ministre de la Ma-
rine, sur un Budget de
70,033,000 fr., une
économie de........ 7,500,000. } 14,000,000.

Le Ministre des Fi-
nances, sur un Budget
de 23,020,000 fr., une
économie de........ 5,500,000.

Par de pareilles économies, ces Ministres ont accompli le vœu manifesté
par les Chambres ; ils ont contribué
au soulagement des peuples ; ils ont
rempli un de leurs devoirs ; ils ont mérité des remerciemens et des éloges.

Reste une exagération d'évaluation,
provenant, pour la presque totalité,
de la Guerre, de.............. 84,412,000.

Le Ministre de la Guerre est-il plus
blâmable ?

II avait obtenu par la Loi du 23
septembre 1814 un crédit de...... 446,022,000^f

Le Ministre des Finances du deuxième
trimestre 1815 annonce, sans le prouver, qu'il n'a été dépensé que..... 363,233,000.

II en résulterait, dans le Budget, en
le supposant exact, une Réduction de
Dépense de.............. 82,789,000.

Le Ministre des Finances de juin 1815 se plaint et s'irrite d'une réduction, comme un autre se plaindrait d'une augmentation de dépense : je ne conçois ni ne partage sa plaisante colère. Il faut voir dans son Compte et dans l'Exposé avec quel ton de supériorité et de pitié il gourmande son prédécesseur.

Voyez, s'écrie-t-il, *combien les premiers calculs étaient inexacts, combien on a trompé la Nation, combien cette erreur était dangereuse !!!*

Le Ministre des Finances de 1814 ne peut s'en défendre ; il faut qu'il confesse humblement une exagération sur 1814, de................. 84,412,000^f

Je l'ai convaincu plus haut *(page 20)* sur 1813, d'une exagération de......... 49,795,000.

Il a sur la conscience une erreur involontaire ou une exagération volontaire (je ne décide pas cette question délicate), de....................... 134,207,000.

Exagération totale et définitive du dixième des Évaluations sur 1813 et 1814.

Mais son cas n'est-il pas graciable, et ne peut-il pas espérer de fléchir son intraitable Successeur et Prédécesseur par ces touchantes paroles :

Je conviens que de vous je médis l'an passé.
.................Que Votre Majesté
Né se mette pas en colère ;
Mais plutôt qu'elle considère.......

Que je lui ai succédé au 1.er avril 1814 ;

Qu'alors les caisses étaient parfaitement vides ; que plus d'un tiers de la France était envahi et dévasté ; que j'avais à peine eu trois mois pour préparer les Comptes des Ministres et du Gouvernement précédens ;

Que je ne fis que répéter l'opinion que depuis long-temps j'exprimais hautement sur l'administration de Votre Excellence ; c'est à savoir qu'irréprochable sous le rapport de l'intégrité, cette administration était fort peu recommandable sous les autres rapports ;

Que le Crédit public, assommé dès l'an 9, traité pendant quatorze ans en ennemi, était mourant depuis dix-huit mois, et aurait été depuis long-temps enterré par les efforts de Votre Excellence, si un *idéologue* ne lui eût donné refuge et protection au Trésor.

Je reconnais que les anciens Budgets me présentaient d'illustres exemples d'exactitude ; qu'ils n'éprouvèrent jamais de réduction réelle de dépenses, mais bien au contraire des augmentations de cent, deux cent, trois cent millions, plus ou moins ; qu'une exagération dans les évaluations des dépenses, ou une économie définitive de 134 millions sur les crédits, est tout-à-fait neuve dans l'histoire des Finances de la France : c'est une invention diabolique entièrement de mon fait, et dans laquelle je me suis méchamment jeté par la manie de ne pas imiter mon prédécesseur.

Que Votre Excellence daigne considérer qu'ayant

évalué les dépenses arriérées à .... 759,000,000[f]
Et le Budget des neuf derniers
mois 1814, à............... 674,534,000.

Une erreur de 134 millions sur
une somme totale de........... 1,433,534,000.

n'est pas du dixième de l'évaluation totale. Or les Budgets de votre Excellence, les plus beaux modèles que je connaisse, ont bien rarement, même dans les circonstances les plus favorables, approché aussi près des premières évaluations.

J'ai aussi à me reprocher d'avoir ressuscité et mis en honneur le Crédit public, rétabli la confiance, remis au courant toutes les parties du service, rempli les caisses du Trésor, ramené une abondance depuis long-temps inconnue, et laissé à mon successeur, après les dépenses extraordinaires et les désastres des vingt premiers jours de mars, plus de 40 millions accumulés dans la seule caisse du Trésor à Paris.

Si ces considérations ne peuvent apaiser Votre Excellence, je lui représenterai qu'elle a eu sa revanche; que sa vengeance, cette passion des grandes ames, a dû être complètement satisfaite.

Trois mois et dix-huit jours lui ont été donnés, pendant lesquels elle a pu attaquer corps à corps son irréconciliable ennemi, le Crédit public, le terrasser, le punir d'avoir écouté ma voix et secondé mes plans.

Votre Excellence, avec l'aide des événemens, a pu

vider entièrement les caisses, et remettre les Finances dans un état d'épuisement et de déshonneur beaucoup plus grave que lors de sa première retraite.

Elle a pu, sans éprouver de contradiction, faire accuser, calomnier de vive voix et par écrit, et à la tribune nationale, mes plans et mon administration.

Enfin qu'elle daigne considérer que si mes fautes ont été graves et multipliées, la persévérance et la sagacité qu'elle a mises à les découvrir, le courage avec lequel elle les a proclamées, le succès incontestable, complet, incalculable, avec lequel elle les a réparées, et l'impuissance absolue où elle m'a placé pour long-temps de les renouveler, doivent suffire à sa vengeance, comme ils suffisent à la gloire de son administration (1).

____

(1) J'ai supprimé les observations que j'avais préparées sur le Budget mort-né de l'exercice 1815. Parmi ces observations, j'avais placé la plupart de celles relatives au système de Contributions directes et indirectes suivi depuis l'an 8.

DU MODE

DE PAIEMENT DE L'ARRIÉRÉ (1).

LE Ministre des Finances du deuxième trimestre 1815 nous a paru peu exact dans ses observations sur le Budget de 1814, et dans ses calculs sur l'évaluation de l'Arriéré ; peut-être sera-t-il plus heureux dans ses critiques sur le mode de paiement de cet Arriéré, et plus habile dans le choix des moyens de paiement qu'il propose de substituer à ceux adoptés en 1814. Revenons au texte de l'Exposé et du Compte.

OBSERVATIONS.	EXTRAIT de l'Exposé et du Rapport sur les Finances de juin 1815.
Le Ministre de l'Intérieur se borne à faire ses prédictions sur la foi du Ministre des Finances, et nous renvoie à lui pour les *preuves*. Il ne fait que déclarer ce que le Ministre des Finances	Les Comptes généraux des deux Ministres des Finances et du Trésor *prouveront*, quels devaient être les funestes résultats du système irréfléchi qui a été pro-

Inculpations vagues, suppositions gratuites, craintes feintes ou puériles, que démentent les faits et les premiers résultats.

---

(1) *Voir* l'Opinion d'un Créancier de l'État, *pag.* 75 *et suivantes, De l'évaluation de l'Arriéré et des Moyens d'y pourvoir.*

s'est chargé de prouver ; savoir : que le Budget de 1814 était la véritable boîte de Pandore, de laquelle tous les maux devaient s'échapper à-la-fois. Il ne voit pas que l'Espérance en sortit la première, et que le Crédit seul la suivit.

Nous allons, en suivant le Rapport de juin 1815, retracer tous les maux qu'éprouvèrent les Finances et les Créanciers de l'État pendant ces fatals onze mois.

Les premiers résultats *d'une semblable Administration* avaient été de mettre tous les paiemens au courant, de porter la Rente de 45 à 80 fr., et de maintenir les autres Effets publics au pair.

Quels *désordres* de tels commencemens ne devaient-ils pas faire craindre, et combien après *deux années*, ne serait-il pas devenu *difficile de les réparer !*

On ne craint pas de traiter de charlatan le médecin dont les premiers remèdes calment, sou-

posé pour le paiement de ces dépenses ; enfin, tout ce que l'imperfection des Budgets de 1814 et 1815 devait préparer dès l'année prochaine d'embarras au dernier Gouvernement. *(Exposé, page 37.)*

On ne craint pas de le dire : *deux années d'une semblable Administration* auraient jeté les Finances dans *un désordre* qu'il fût devenu extrêmement difficile *de réparer. (Exposé, page 37.)*

lagent et rappellent les forces !
On nous prédit que *deux années*
de santé et de vigueur étaient le
chemin assuré de la mort. Quel
malade redouterait un pareil
traitement et ne répondrait à
cette menace : essayons-en !

Les Rentiers et les Créanciers de l'État s'écrièrent tous,
à l'aspect du Budget de juin
1815 : « Que ne nous avez-vous
» laissés essayer enfin de *deux*
» *années* de Crédit, et voir si
» nous nous en serions trouvés
» aussi mal que vous le prophé-
» tisez ! Si le Crédit, comme
» vous le déclarez, est un poison
» lent, c'est à la manière du pain :
» ne nous l'enlevez pas.

Mais il avait été porté promptement *remède à ce mal* imaginaire ; *les conséquences en étaient
heureusement prévenues.*

Un nouvel Arriéré fut créé,
la Rente fut réduite au cours de
55 francs, et le Crédit public
renversé.

Voilà, en trois mois, l'ouvrage

Heureusement nous
sommes à temps encore
pour *porter remède au
mal et en prévenir les
conséquences. (Exposé,
pag. 37.)*

de cette Administration *accusa-trice.*

Pouvait-on mettre plus d'ingratitude et de maladresse à accuser un Gouvernement qui n'aurait dû laisser que des souvenirs d'indulgence et de faiblesse, même à ses ennemis les plus acharnés, et dont l'Administration des Finances fut certainement la partie la moins vulnérable ?

Je ne vois encore que les craintes puériles, les alarmes

Et *le dernier Gouvernement* nous en a créé de tels, en une seule année d'administration, que pour peu qu'elle eût duré encore, il était impossible qu'elle n'entraînât pas *la ruine du Crédit public* et le renversement de beaucoup de fortunes particulières. (*P. 9 du Rapport sur les Finances.*)

Une année d'expérience a suffi pour démontrer que le Trône impérial pouvait seul garantir les nouveaux intérêts de la France... en affranchissant l'Empire du despotime nobiliaire et sacerdotal dont le sceptre de plomb se préparait à peser sur nos familles... (*Circulaire du Ministre des Finances du 14 avril 1815, insérée au Moniteur du 17.*)

Convient-il, à cet égard, de maintenir le

feintes d'un accusateur peu sin-
cère, qui n'a pas étudié, qui n'a
pas compris, ou qui feint de ne
pas comprendre le système qu'il
calomnie au lieu de le réfuter.

Examinons quels furent les
résultats de cette *courte épreuve.*

Les Obligations *ne perdirent*
jamais 25 pour o/o : leur plus
forte perte fut 20 p.ʳ o/o ; et ce
cours, causé par la nouveauté de
l'opération, par l'hésitation de la
place, ne dura que deux ou trois
jours.

Les Obligations se relevèrent
et atteignirent rapidement le
pair ; elles s'y maintinrent presque jusqu'au moment où le Ministère des Finances changea de
mains : est-il une preuve plus
certaine que *les moyens affectés*
à leur Rachat n'étaient pas trop
faibles !

Pour présenter cette opération sous son véritable jour, il
fallait dire :

« Les Obligations dès leur

système consacré par la
dernière Loi du Bud-
get ! Je n'hésite pas à le
déclarer : je ne le pense
pas ; et *une courte épreuve*
ne paraît plus permettre
la moindre incertitude
à cet égard. (*Pag. 5 du*
Rapport.)

Ces *Obligations* ont
perdu jusqu'à 25 p.ʳ o/o,
indépendamment de
l'*Intérêt exorbitant* de
8 p.ʳ o/o par an, qui y
est attaché sous le titre
d'Indemnité ;.........

150 à 200 millions
qui auraient dû se pré-
senter sur la place dans
un intervalle de dix-
huit mois, que l'on con-
sidérait comme suffi-
sant pour la liquida-
tion, tandis que les res-
sources affectées à leur
remboursement n'au-
raient toujours offert
que de *trop faibles*
moyens pour les Ra-
chats.............
(*Pag. 5 et 6 du Rap-*
port.)

» émission obtinrent le cours de
» 80 p.ᵣ o/o, égal au cours le
» plus élevé des Rentes dans les
» momens du plus haut crédit ;
» et cela à une époque où les
» Rentes se négociaient à 73
» p.ᵣ o/o. Donc les Obligations
» eurent constamment un cré-
» dit supérieur à celui des
» Rentes (1). »

Il fallait ajouter : « A mesure
» que l'émission des Obligations
» augmentait, leur cours et celui
» des Rentes se bonifiaient. Cette
» opération était donc combinée
» de manière à augmenter le
» Crédit public et les ressources
» du Trésor, au profit de tous les
» Créanciers de l'État ; et pen-

____

(1) « Il est impossible que leur cours puisse être au-dessous de celui des 5 pour o/o consolidés....... » (*Opinion d'un Créancier de l'État,* pag. 46.) Cette prédiction, fondée sur les principes, se réalisa.

» Le Créancier, fût-il même obligé de vendre son Inscription et de » perdre une partie de son capital, éprouverait une moindre perte » que s'il était obligé de vendre l'Obligation que le Ministre lui destine. » (*Réflexions sur le Budget de 1814, par M. Ganilh, ex-Tribun, page 12.*) Plusieurs autres firent les mêmes prédictions, lesquelles étant contraires aux principes, ont été démenties par l'événement.

» dant *une courte épreuve,* elle eut
» cet heureux résultat. »

Que sont des récits mensongers et de sinistres présages auprès de ces faits constans !

Rien assurément ne ressemble
moins aux Assignats qu'un Effet
à terme, portant intérêt à 8
p.[r] 0/0, dont le cours est volontaire, dont le remboursement en
numéraire est garanti, au plus
tard à l'échéance de trois années,
et peut être anticipé par le Rachat
à la volonté du porteur.

Ce serait faire injure aux lecteurs que de s'arrêter à réfuter
cette vague assimilation, qui
renferme encore plus d'inconsé-
quence et d'irréflexion que de
malveillance.

Ces Obligations au-
raient inévitablement
eu le sort des *Assignats,*
dont la chute a bou-
leversé tant de fortu-
nes, et *dont le souvenir
douloureux est si récent
parmi nous. (Pag. 6 du
Rapport.)*

Il rêve le *discrédit* des Obligations, dont le cours fut toujours
supérieur à celui de tous les Effets émis par l'ancienne Administration,

Ses raisonnemens reposent sur
des craintes simulées et sur un

A la vérité, les
Créanciers désabusés
auraient eu la res-
source de recourir à la
Consolidation autori-
sée par l'art. 29 de la
Loi ; mais qui peut
calculer quel eût été

discrédit imaginaire qui n'aurait jamais atteint les Obligations, si le court espace de temps pendant lequel l'Administration des Finances changea de mains, n'eût été employé à avilir les Obligations, à en dégrader le cours, à les flétrir d'une haine rancunière : néanmoins les Obligations ont conservé un crédit supérieur à celui des Rentes.

Non sans doute, si l'émission des Obligations et leur circulation eussent dû être dirigées par un Ministre qui n'entendît ni le mécanisme ni le but de l'opération, et qui en méconnût le succès déjà assuré après un début de trois mois seulement !

Furent-ils compromis ces intérêts par un paiement en Valeurs qui long-temps se négocièrent au pair, et qui étaient combinées pour s'y maintenir ! Nous verrons bientôt comment le nouveau Budget protégeait les mêmes intérêts.

36 millions d'Obligations furent émis pendant les trois

le contrecoup pour la Dette publique elle-le même, de ces Consolidations précipitées, au milieu du *discrédit effrayant* d'un Effet émis par le Trésor ! *(Pag. 6 du Rapport.)*

La prudence permettrait-elle aujourd'hui de se confier à un système qui n'offre aucun espoir raisonnable de succès !........... *(Pag. 6 du Rapport.)*

Lorsqu'il s'agit d'intérêts qu'il n'est jamais permis de compromettre........... *(Pag. 6 du Rapport.)*

Comment en effet ne pas reconnaître que si

premiers mois de l'exécution de la Loi (décembre 1814, janvier et février 1815).

A raison de 12 millions par mois, il eût été émis 144 millions d'Obligations en un an.

Il est inévitable que la liquidation des Dettes de l'État soit dirigée par les Ministres : il en fut ainsi de tout temps. Le Ministre du deuxième trimestre 1815 a la mémoire bien courte ; il est devenu tout-à-coup bien scrupuleux.

Qui ne se rappelle les lenteurs interminables, les injustices multipliées des Conseils de liquidation, ordinairement couronnées par une déchéance subite !

Le Ministre se serait-il corrigé de ces douces habitudes, *dont le souvenir douloureux est si récent parmi nous ! (Pag. 6 du Rapport.)*

Le nouveau Budget promet-il plus d'activité dans la liquidation, plus de libéralité dans les paiemens !

quelques millions seulement d'Obligations émises successivement et avec la précaution d'en racheter une partie à mesure de leur émission. . . . . *(Pag. 5 du Rapport.)*

Qui exigerait que la marche des liquidations fût calculée sur la quantité d'Obligations que l'on pourrait successivement émettre sans jeter trop d'épouvante, et qui soumettrait ainsi le paiement de créances reconnues et immédiatement exigibles, aux convenances particulières du débiteur ! . . . . *(Pag. 6 du Rapport.)*

faits en Obligation[s] et en numéraire furent, en 18[..] doubles de ce promis en Rentes pour 1815, par le Budg[et] proposé.

On propose pour une année un crédit de 150 millions en Rentes, qui ne produira pas aux Créanciers 80 millions en numéraire.

Le reproche de lenteur et de parcimonie, s'il était fondé, serait-il bien placé dans le Budget par lequel le nouveau Ministre *promet* aux Créanciers moitié moins qu'ils n'*ont reçu* de son prédécesseur en un an !

En trois mois, le Ministre des Finances de 1814 avait émis 36 millions d'Obligations, émission proportionnelle à un crédit annuel de 150 millions ; il avait en outre, pendant les mois précédens, et concurremment, fait des paiemens considérables en numéraire, en sorte qu'en onze mois il n'avait pas payé moins de 168 millions sur l'Arriéré, comme nous l'avons établi plus haut. *(Pages 12 et 13.)*

Que veut-on dire avec des lenteurs calculées ! Mit-on jamais plus d'activité, plus de largesse, dans le paiement d'un Arriéré ? Et si quelques Créanciers éprouvèrent des retards, n'est-il pas évident qu'il ne faut les attribuer ni au Ministre des Finances de 1814, ni à son plan, mais aux délais inévitables d'une liquidation qui exige des justifications détaillées, et des examens rigoureux et attentifs !

Le Paiement en Obligations exigeait une Liquidation rapide qui était préparé pour cela.

Le peu de rapidité des liquidations et des paiemens, loin d'entrer dans les calculs du Ministre des Finances de 1814, ne pouvait que contrarier son plan ; car il aurait été sur-tout utile à son succès, que les Obligations eussent été émises promptement.

Le moment où sa réussite aurait été assurée, était précisément celui où toutes les Obligations, quel qu'en fût le montant, auraient été en circulation ; car, au moment où l'émission n'aurait pas pu s'accroître et où les moyens de Rachat seraient restés les mêmes et auraient pu être augmentés, le cours des Obligations ne pouvait plus baisser, et devait monter graduellement au pair, pour y demeurer fixé jusqu'au Rachat ou au Remboursement.

Il est arrivé que l'émission des Obligations a été moins rapide que ne le desirait le Ministre (quoiqu'elle ait été de 12 millions par mois).

Les Obligations ont été promptement et facilement ramenées et maintenues au pair ; mais on ne pouvait les regarder comme y étant définitivement fixées : un pas rétrograde pouvait être à craindre, parce qu'on ignorait la quantité d'Obligations restant à émettre.

Ces Obligations *à venir* menaçaient sans cesse la place d'un poids inconnu, et que la pusillanimité ou la malveillance exagéraient à leur gré.

L'incertitude sur le montant et sur la progression de l'émission des Obligations *à venir*, agissait plus fortement que n'aurait fait leur présence, et ne pouvait être contre-balancée.

Le but d'un bon plan de Finances est d'inspirer la sécurité, de donner le certain à tous : pour y parvenir, il a besoin de certitude et de sécurité ; il ne se compose ni d'illusions ni de mensonges ; rien ne lui est plus contraire que le vague et l'incertitude.

Si toutes les Obligations eussent été émises, on en aurait connu le montant, on aurait pu en estimer exactement le poids et y opposer des moyens proportionnés.

Je développerai plus loin *(pag. 193 à 200)* comment ces moyens auraient agi successivement ; ils étaient préparés pour soutenir une émission beaucoup plus considérable : ils furent trouvés au Trésor le 20 mars.

Plus de 40 millions accumulés sont des témoins irrécusables des préparatifs faits pour assurer le succès de la conversion de la Dette exigible en Obligations du Trésor ; du peu d'intérêt que le Ministre des Finances de 1814 avait à retarder les liquidations ; de son desir et de l'espérance où il était de voir l'émission des Obligations prendre bientôt un plus grand développement.

Le Budget de juin 1815 a créé le discrédit.

Les raisonnemens ci-contre, faits dans l'hypothèse gratuite d'un discrédit qui n'a jamais existé que dans l'imagination prévoyante du Ministre de juin 1815, tombent d'eux-mêmes.

Pour remédier à des malheurs imaginaires, le nouveau Budget les réalise.

On ne peut d'ailleurs se dissimuler que le résultat certain et prévu même par l'article 29 de la Loi, de l'opération qu'elle a consacrée, était une Consolidation *volontaire en apparence,* de la part des Créanciers, *mais forcée en*

Il crée à l'instant le discrédit pour empêcher qu'il n'arrive dans *deux ans.*

Ces prédictions étaient au moins incertaines : tous ceux qui auraient été payés et dont les Obligations auraient été rachetées pendant les *deux années* de crédit que l'on veut bien accorder au plan de 1814, auraient échappé au discrédit prophétisé après ce laps de temps ; tandis que le funeste Budget de juin 1815 a réalisé pour tous les Créanciers, les plus déplorables résultats du discrédit.

Tels furent les effets immédiats des moyens de salut proposés, disait-on, pour sauver les Créanciers de l'État, des dangers d'un Effet public négocié au pair et d'un discrédit éloigné, incertain, imaginaire.

On prétendit y remédier et mériter leur reconnaissance, en les forçant à recevoir valeur nominale, un Effet public perdant

effet, à raison du *discrédit* inévitable des Obligations qu'ils auraient reçues........

(Page 6 du Rapport.)

près de moitié ; ce ne sera, nous disait-on gravement, que. . . . .

Quelle franchise !

Quel honneur !

Le but que l'on voulait atteindre en 1814 était de payer intégralement, en valeurs au *pair*, soit Obligations, soit Rentes, soit Numéraire ; et on obtint ce résultat *de la courte épreuve* qui fut faite.

Le but que l'on atteignit en juin 1815 en différait quelque peu, puisqu'en dernier résultat il consistait à contraindre le Créancier de se contenter de recevoir moitié au plus de sa créance (1).

_Revenir, *avec la franchise* qui *honore* le Gouvernement comme les particuliers, au *but que l'on avait voulu atteindre*, que de les admettre à consolider immédiatement ces créances. . . . .

(Page 6 du Rapport.)

Je ne me suis fastidieusement traîné sur les pauvretés accumulées dans ce Compte de Finances de juin 1815, que parce qu'il est devenu le réceptacle des misérables objections élevées dès l'origine contre le système de

___

(1) *Voir* l'Opinion d'un Créancier de l'Etat, pages 37 à 41, *De la Liquidation et du Paiement de l'Arriéré;* et pages 42 à 57, *De l'Émission et du Rachat des Obligations.*

(189)

Finances de 1814 et répétées avec complaisance jusque dans les Chambres (1).

J'y ai répondu par des calculs, des faits et des raisonnemens : j'en vais offrir un court résumé.

Voici quels furent et quels devaient être les résultats des deux Budgets comparés l'un à l'autre :

RÉSULTATS du Budget de 1814.	RÉSULTATS du Budget de 1815.
PAIEMENT DE L'ARRIÉRÉ EN OBLIGATIONS.	PAIEMENT FORCÉ DE L'ARRIÉRÉ EN RENTES.
Exagération de 134 millions ou un *dixième* du Budget total ; promesse et *certitude* du paiement *intégral*, quel qu'en fût le montant.	Dissimulation et réduction arbitraire sur l'Arriéré de 1813, de 225 millions, près de *moitié* ; incertitude sur le paiement.
168 millions *payés*, en onze mois, sur l'Arriéré, les trois quarts en numéraire ; et 36 millions payés en Obligations, en trois mois.	*Promesse* de 150 millions valeur nominale, soit, valeur réelle de 80 millions au plus, en un an.
Paiement *facultatif* en Obligations ou en Rentes.	Paiement *forcé* en Rentes.
Garantie du remboursement des Obligations dans trois ans, avec 8 p.ʳ o/o	Fonds d'Amortissement insignifiant, impuissant, illusoire.

(1) *Voir* le Catalogue ci-après, *page 281*, des Écrits publiés et des Discours prononcés en 1814, pour et contre le Budget.

d'Intérêts, ou Rachat immédiat.

Remboursement en Valeurs presque au pair.

Perte de 1/2 p.^r o/o.

Satisfaction complète pour les Créanciers, et confiance entière.

Crédit élevé et toujours croissant, facilité, abondance pour le Trésor.

Remboursement en Rentes à 5 5 p.^r o/o.

Perte de 45 p.^r o/o pour les Créanciers.

Malheurs, ruine pour les Créanciers, regrets, plaintes, &c.

Discrédit, difficultés et misère pour le Trésor.

Il est maintenant facile d'apprécier les deux Budgets et de choisir entre eux.

Sous lequel des deux, inscrirons-nous ces mots?

Franchise.... ou ceux-ci :.. Dissimulation.

Bonne foi.........	.... Mauvaise foi.
Fidélité...........	.... Banqueroute.
Crédit...........	.... Discrédit.
Honneur.........	.... Honte.
Prospérité, &c. &c..	..... Ruine, misère, malheurs, &c. &c.

Et ces aimables mots du Nain Jaune, du 15 juin..

Incommensurable amas d'abus et d'inepties.... Système d'escroquerie (1).

Auquel des deux Budgets conviennent-ils?

____

(1) *EXTRAIT du Nain Jaune du 15 Juin 1815.*

« Le Rapport de M. Carnot a sur-tout fait connaître l'*incommen-*

(191)

On tentera d'attribuer aux circonstances, aux événemens, des résultats aussi différens. Déjà l'on nous disait dans l'Exposé et dans le Rapport sur les Finances, « que la Caisse d'Amortissement *se trouverait en me-* » *sure d'atténuer, ou de balancer même, l'effet que l'ac-* » *croissement successif de la Dette perpétuelle, par la* » *liquidation de l'Arriéré, pourrait opérer momentané-* » *ment sur le cours* (page 7.); tandis qu'on nous assurait » que *le crédit momentané obtenu par les Obligations* » *n'aurait pas résisté à l'accroissement de leur émission;* » *qu'avant deux ans elles auraient eu le sort des Assignats;* » qu'elles auraient causé *un discrédit effrayant* (page 6); » *la ruine du Crédit public, et le renversement de beau-* » *coup de fortunes particulières* (page 9). »

Au succès présent, incontestable, du plan de 1814, on oppose un avenir douteux que l'on prédit devoir être funeste.

» *surable amas d'abus et d'inepties* sous lequel l'ancien Gouvernement » s'était lui-même enseveli. L'Assemblée et les tribunes ont entendu » avec indignation les détails dans lesquels le Ministre était obligé » d'entrer sur l'abandon de nos places fortes et de notre artillerie, fait » par M. le Comte d'Artois, *et sur le système d'escroquerie dont le Minis-* » *tre des Finances de LOUIS XVIII faisait profession.* »

La plupart des autres journaux firent des réflexions pareilles, qui leur étaient dictées par l'administration d'alors. Ces critiques équitables et de bon ton se sont réfugiées dans les journaux anglais, qui fourmillent d'injures grossières contre le Ministère français. Ceux qui se souviennent des unes et qui liront les autres, apprécieront la modération de mes critiques sur l'Exposé et le Compte de Juin 1815.

Aux tristes résultats du plan de juin 1815, on oppose les espérances incertaines d'un meilleur avenir.

Cette méthode est connue ; c'est celle de tous les charlatans politiques : leurs remèdes causent, dès les premiers instans, des convulsions affreuses, des douleurs atroces, et, à les entendre, le malade allait être guéri au moment juste où il aurait péri, si un événement imprévu ne l'eût arraché de leurs mains.

Leur Ministre des Finances, dominé par ce système, a promis, depuis l'an 9, aux Créanciers de l'État leur salut immanquable dans quelques années, et chaque révolution financière a été une nouvelle époque de *banqueroute.*

Ces promesses rassurantes, ces présages sinistres, sont fondés, d'une part, sur l'efficacité prétendue des moyens d'Amortissement du plan de juin 1815 ; de l'autre, sur l'insuffisance des moyens compris dans le plan de 1814.

Comparons les projets d'Amortissement des deux plans, approfondissons les deux systèmes opposés ; examinons s'ils ne renferment pas en eux-mêmes, indépendamment des événemens, tous les germes, tous les principes des bons ou des mauvais résultats qu'ils ont produits, et qu'ils devaient produire encore avec plus ou moins d'intensité, suivant les circonstances qui pouvaient atténuer, mais non annihiler leur influence.

PLAN DE FINANCES

ET D'AMORTISSEMENT, DE 1814.

Le Ministre des Finances de 1814 avait différé l'organisation de l'Amortissement de la Dette perpétuelle, parce qu'*une Caisse d'Amortissement ne peut être que le complément et non le principe d'un bon plan de Finances ;* parce qu'elle aurait été d'un effet trop lent dans des circonstances aussi pressantes, qui exigeaient des mesures fortes, promptes et soutenues.

Examinons celles que ce Ministre avait préférées.

Il convertissait la Dette exigible, d'abord en Obligations portant 8 pour o/o d'intérêt.

Il devait, au choix des Créanciers,

Soit les rembourser définitivement en numéraire, à leur échéance dans trois ans ;

Soit les racheter au cours de la place, à la volonté des porteurs ;

Soit les échanger, sur leur demande, contre des Inscriptions de Rentes sur le Grand-livre.

Il avait affecté à ce remboursement,

Le produit de la Vente des Biens communaux (80 millions) ;

Le produit de la Vente des trois cent mille hectares de Bois (au moins 200 millions) ;

13

Et l'Excédant éventuel des Recettes sur les Budgets de 1815 et années suivantes.

On a fait un reproche au plan de Finances de 1814 de ne pas comprendre des moyens d'Amortissement pour la Dette perpétuelle 5 pour o/o consolidés, de tout réserver, de tout consacrer à la Dette exigible. On n'a pas voulu voir ce que les principes du Crédit indiquaient, ce que l'événement a prouvé, que *le plus sûr moyen d'élever le cours des cinq pour cent consolidés, et d'accomplir ainsi l'objet d'un fonds d'Amortissement, était de se hâter de porter la Dette exigible au pair.* S'occupe-t-on d'embellissemens, quand la maison est en ruine !

Le Ministre des Finances de 1814 s'était assuré, en trois ou quatre ans, un fonds de 300 millions au moins et qui pouvait s'élever bien au-delà. S'il eût employé ce fonds à payer l'Arriéré en numéraire, il n'aurait remboursé qu'une somme égale ; mais, convertissant l'Arriéré en Obligations et employant ses fonds numéraire à soutenir au pair les Obligations, il parvenait à émettre des Obligations et à payer des Créanciers pour une somme double ou triple de celle qu'il rachetait, et qu'il dépensait effectivement en numéraire.

Il pouvait parvenir avec une somme de deux à trois cents millions à satisfaire, au moins provisoirement, au paiement d'un Arriéré de 600 millions (1).

___

(1) Cette manière d'opérer est fondée sur ce principe, que, dans tous les temps, il est préférable, pour le Trésor public et pour les Créanciers de l'État, que les paiemens du Trésor soient effectués en

Par le Rachat, il remplissait *le véritable objet d'un fonds d'Amortissement, le but nécessaire de tout bon plan de Finances : ramener et maintenir la Dette publique au pair, en remboursant la quantité variable et inconnue de cette dette qui l'empêche de se soutenir au pair* (1).

Déjà l'événement avait justifié ce calcul; car, dès le début de l'opération, il avait, en trois mois, été émis 36 millions d'Obligations ; il n'en avait été racheté que 20 millions; l'émission augmentait chaque jour, et elles étaient au pair.

Il aurait fallu, il est vrai, à l'échéance, pourvoir au Remboursement de celles des Obligations qui n'auraient pas été rachetées ; mais, tandis que les Obligations avaient atteint le pair, les Rentes 5 pour o/o consolidés avaient dépassé 80 fr.; car *le Crédit public s'étend sur le capital de tous les Effets publics, dans la proportion des intérêts qu'ils produisent* (2).

Dès que les Rentes 5 pour o/o auraient été à 83 fr.

Conversion des Obligations à 8 pour. o/o, en Rentes 6 pour o/o au pair.

Effets, et le numéraire réservé pour le remboursement des Effets émis; ou, en d'autres termes, que *le Crédit est préférable à tous les autres ins- trumens de paiemens.*

(1) *Le Rachat* est de tous les moyens de remboursement de la Dette de l'État celui qui doit être préféré, parce qu'en remboursant d'abord le Créancier qui est le plus pressé de recevoir et qui cède volontai- rement sa créance au plus bas prix, il produit nécessairement le meilleur effet; *il agit plus puissamment pour remettre la Dette au pair au profit de l'État et des Créanciers, &c.* Voir l'Opinion d'un Créancier de l'État, *pag. 42 à 57, De l'Émission et du Rachat des Obligations.*

(2) Ce principe rend un Effet à 8 pour o/o plus facile à main- tenir au pair et par conséquent préférable quand le Crédit est faible.

3 3 cent., des Rentes à 6 pour o/o auraient été au pair, c’est-à-dire à 100 francs.

Par conséquent, lorsque les Rentes 5 pour o/o auraient été au-dessus du cours de 83 fr. 33 cent., il serait devenu facile, soit d’emprunter sans perte sur des Rentes à 6 pour o/o, soit de les substituer aux Obligations, du consentement des Créanciers.

Ils n’auraient eu aucun motif pour se refuser à recevoir en paiement, ou en échange, des Rentes négociables au pair ; ou à subir la réduction à 6 pour o/o des Intérêts des Obligations.

Ils n’auraient pu s’y refuser ; car on leur aurait en même temps offert leur remboursement avec le produit de l’emprunt fait sur les 6 pour o/o.

Ainsi l’Intérêt de 8 pour o/o, qui n’était qu’une véritable indemnité du discrédit alors existant et un levier puissant pour élever promptement la Dette exigible au pair, n’aurait plus eu d’objet, et aurait été justement réduit dès que les Effets publics à 6 pour o/o auraient été au pair.

Que l’on ne croie pas que cette émission de Rentes à 6 pour o/o en eût fait baisser le cours : *la baisse et le discrédit sont l’effet inévitable de toute émission clandestine ou forcée ; mais toute émission publique et volontaire n’a que d’heureux effets sur le cours et sur le crédit.*

D’ailleurs le produit entier des Biens communaux et des Bois mis en vente devenant applicable au Rachat et à l'Amortissement des Inscriptions au Grand-livre à 6 pour o/o, aurait élevé et soutenu leur cours au pair aussi facilement et aussi promptement que celui des Obligations.

Le moment serait bientôt arrivé où les 5 pour o/o eussent, par l'emploi des mêmes moyens, atteint le pair et eussent été substitués aux 6 pour o/o pour le paiement de l'Arriéré.

Conversion des Rentes 6 pour o/o, en Rentes 5 p. o/o au pair.

Tel devait être et tel aurait été infailliblement l'effet de l'exécution du plan de Finances de 1814 : la puissance de ce fonds de 300 millions, *affecté au Rachat des Obligations*, c'est-à-dire, *à l'Amortissement de la Dette exigible*, aurait été telle, que la moitié au plus aurait suffi pour porter cette Dette au pair dans sa conversion successive et volontaire en Obligations à 8 pour o/o, en Rentes à 6 pour o/o, et définitivement à 5 p.ᵉ o/o consolidés; le surplus de ces ressources aurait suffi pour fonder un fonds d'Amortissement invariable, destiné à maintenir invariablement les 5 pour o/o au pair.

C'est ainsi que la Dette arriérée aurait, pour la plus grande partie, été convertie en Rentes, et que, comme le dit le Ministre des Finances du 2.ᵉ trimestre 1815 *(page 6):*

« *On ne peut se dissimuler que le résultat certain et* » *prévu même par l'article 29 de la Loi, de l'opération* » *qu'elle a consacrée, était une Consolidation volontaire*

>> *en apparence, de la part des Créanciers, mais forcée*
>> *en effet, à raison du discrédit*...........

Il n'y a dans cette phrase qu'une erreur typogra-phique de trois lettres qu'il faut retrancher : au lieu de *à raison du discrédit,* lisez << *à raison du CRÉDIT*
>> *inévitable des Obligations qu'ils auraient reçues.* >>

Cette phrase, ainsi corrigée, explique parfaitement le but et le résultat de l'exécution de la Loi du 23 septembre, et du plan de Finances de 1814.

Conversion des Rentes 5 pour o/o, en Rentes 4 p. o/o au pair.

Oui, les Créanciers eussent été *forcés* à la Consoli-dation, c'est-à-dire, au remboursement en Rentes 5 pour o/o consolidés de leurs créances : *ils y eussent été forcés par le Crédit public* croissant constamment, et qui aurait successivement porté au pair des Effets publics à 8, à 7, à 6, à 5, et à 4 pour o/o; mais aucun créancier n'eût eu à se plaindre de cette *Conso-lidation forcée par son seul intérêt,* et dès-lors *toujours volontaire.* Aucun créancier n'aurait été lésé, n'aurait éprouvé de perte, n'aurait pu crier à l'injustice, à la *banqueroute* (1).

____

(1) << Les Obligations du Trésor royal ne me paraissent qu'une
>> mesure provisoire, un moyen transitoire de parvenir avec hon-
>> neur, sans dommage pour les Créanciers, et librement de leur
>> part, au but vers lequel les Administrateurs inexpérimentés se
>> seraient précipités à travers la honte et les malheurs inséparables
>> d'une banqueroute...........................

>> Les vues qui précèdent sont, j'en conviens, hasardées, et elles
>> anticipent................... *(Extrait de l'Opinion d'un Créancier*
>> *de l'État, page 38.)*

>> Que les Créanciers de l'État, que ceux mêmes qui blâment

Peut-être même, après être devenus un moyen juste et avantageux de remboursement de l'Arriéré, les 5 p.' o/o et même les 4 p.' o/o *CONSOLIDÉS non pas seulement de nom, mais CONSOLIDÉS réellement par un Crédit public stable*, fussent devenus un instrument utile et commode pour le service public, un moyen de soulagement pour *les Contribuables auxquels on serait parvenu à ne demander que les intérêts et le fonds d'Amortissement des dépenses publiques, au lieu d'en détruire entre leurs mains, de leur en arracher le capital.*

Peut-être, la totalité de la Dette 5 pour o/o eût-elle été bientôt appelée au remboursement ou à la conversion volontaire en 4 pour o/o, avec une économie du cinquième de la dépense annuelle, qui eût soulagé les Contribuables et fortifié le fonds d'Amortissement.

Ainsi le plan de Finances de 1814 attaquant une Dette exigible énorme, inconnue, descendue au dernier degré de discrédit, et une Dette consolidée bien connue, modérée, mais avilie et perdant près de moitié, avait en quelques mois ramené la Dette exigible au pair; relevé le cours de la Dette consolidée;

Emprunts
à venir
à 4 pour o/o.

Conversion
de la totalité
de la Dette,
en 4 pour o/o

Résumé du plan
de Finances
de 1814.

» cet Intérêt de 8 pour o/o, détournent leurs yeux du moment
» présent et des désordres qui ont précédé; qu'ils calculent l'im-
» pulsion donnée au Crédit public par les mesures proposées; et
» qu'ils attendent. » (*Extrait de l'Opinion d'un Créancier de l'État,*
pag. 70.)

préparé les moyens de conduire l'une et l'autre Dette, par une marche progressive, rapide, déjà commencée, jusqu'à leur conversion en fonds consolidés à 4 pour o/o, en maintenant constamment leur cours au pair, avec un avantage certain et considérable pour le Trésor et pour les Contribuables, sans dommage pour les Créanciers, librement de leur part, et à leur pleine et entière satisfaction.

Voilà le but, voilà quel fut, quel eût été en moins de *deux années* le résultat complet d'un plan fondé sur les vrais principes de la fidélité et du crédit, solidement appuyé sur des moyens étendus, sur un véritable fonds d'Amortissement de 3 à 400 millions; et qui aurait été fidèlement exécuté.

Mais où m'égaré-je! Quels vœux, quels rêves de bien public m'entraînent! Quel moment je prends pour les exprimer, et combien le plan de Finances et d'Amortissement de juin 1815 nous a rejetés loin de leur réalisation!

Mesurons cet intervalle immense.

PLAN DE FINANCES

ET D'AMORTISSEMENT DE JUIN 1815,

ET DE L'AN 9 À 1814.

LE plan de Finances de juin 1815 ne vient que d'être publié ; mais on peut dire avec vérité qu'il était connu, et que l'exécution en était commencée depuis long-temps.

Le Ministre qui le propose n'est pas dans l'administration un homme nouveau, et son projet n'a rien de neuf.

Le plan qu'il substitue à celui de 1814, ne diffère que par quelques variantes de celui suivi pendant un Ministère de quatorze années et demie, qui ne s'est recommandé ni par la fidélité envers les Créanciers de l'État, ni par le Crédit public.

Le Projet de Loi proposé n'est qu'une nouvelle édition de la Loi du 30 ventôse an 9, et que la répétition quelquefois textuelle des dispositions de cette Loi et de toutes les Lois de Finances rendues depuis chaque année.

Dans le premier moment du nouveau Ministère, on espéra que la Loi du 23 septembre et le plan de Finances de 1814 seraient exécutés, et le Crédit se

Le plan de juin 1815 est le même que celui de l'an 9 à 1814.

Premiers effets de ce plan.

soutint pendant quelques jours ; mais dès qu'il fut connu que le Ministre des Finances du deuxième trimestre 1815 reprenait l'exécution de ses plans de Finances de 1813 et années antérieures jusques et compris l'an 9 et l'an 8, la baisse rapide et prodigieuse des Effets publics donna la mesure de la défiance qu'un pareil plan inspirait, et des regrets que laissait le renversement du plan de Finances de 1814.

Que l'on ne s'y méprenne pas ; cette baisse ne fut pas l'effet des événemens seuls : bien au contraire, tant que les événemens laissèrent croire au maintien du plan de 1814 (1), et dès qu'ils laissèrent entrevoir l'espérance du retour à ce plan (2), ils maintinrent et ne tardèrent pas à relever le cours des Effets et à arrêter la baisse excessive qu'aurait causée le nouveau plan de Finances, si l'on avait pu croire à son exécution et à sa durée.

Si la nouvelle exécution de ce plan est jugée trop courte pour que l'on croie ne pas devoir lui attribuer les résultats qu'il a produits, nous pouvons nous reporter à sa première édition en ventôse an 9, en suivre le développement complet, et le juger par ses effets constans et prolongés pendant treize années.

Nous pouvons remonter aux vrais principes du Crédit

---

(1) Le cours était à 74 francs le 20 mars. Il était encore à 69 fr. le 3 avril.

(2) Dès le 27 juin, le cours était remonté à 60 francs, et le 5 juillet il était à 69 francs. *Voir* ci-après, *pages 226 à 232*, l'effet, sur le cours de la Rente, du Budget de juin 1815.

public et de l'Administration des Finances, et apprécier ce plan en lui-même, indépendamment des événemens au milieu desquels il a été reproduit.

Cette méthode nous fera découvrir les véritables causes des effets si différens que les deux plans de Finances, celui de 1814 et celui de Juin 1815, ont produits et devaient produire infailliblement.

Le plan de Finances et d'Amortissement de juin 1815 (développé *pages* 7, 8, 9, 37, 38, 39, 40, 41 et 42 du Rapport), consiste à dissimuler le montant réel de l'Arriéré ; à le payer en Rentes 5 pour o/o consolidés données *forcément*, pour leur valeur nominale, quel que soit le cours ; et à contre-balancer l'augmentation de la Dette inscrite par un fonds d'Amortissement composé d'un revenu annuel et fixe de cinq millions et du montant de la réduction progressive des Rentes viagères. L'objet annoncé de cet Amortissement est de réduire la Dette perpétuelle à 50 millions de Rentes, en vingt années.

Les mêmes dispositions et souvent les mêmes expressions se retrouvent dans la Loi du 30 ventôse an 9.

Si je remonte jusqu'à cette Loi pour juger le plan de juin 1815, c'est parce que la première Loi de Finances complète, présentée par un Ministre, indique son système et développe ses plans.

Pour connaître le système et les plans du Ministre des Finances de 1814, quelle que puisse être la durée de son administration, il faudra à toute époque, se reporter à la Loi du 23 septembre 1814, comme, pour bien juger ceux du Ministre du deuxième trimestre 1815, qui fut aussi le Ministre de l'an 8 à 1814, il faut remonter à sa première Loi de Finances, celle du 30 ventôse an 9, et en suivre l'exécution.

Il ne peut récuser cette manière de le juger : elle lui laisse le temps de développer et d'affermir son système, de lui faire subir la double épreuve de la bonne et de la mauvaise fortune ; elle est d'autant plus sûre, qu'il ne s'est jamais écarté de son premier plan (1) ; enfin elle est toute au désavantage du plan de 1814, qui n'a eu que quelques mois d'existence.

Le Ministre du deuxième trimestre 1815 ne pourra se plaindre, si, en opérant ainsi, nous reconnaissons que son système et ses moyens d'exécution ont consisté, pendant ses quatorze premières années, comme pendant son dernier trimestre, à dissimuler la véritable situation des Dettes, à feindre, à promettre trop et ne rien tenir ; à parler tous les ans d'Amortissement,

------

(1) Ce Ministre nous disait en juillet 1814 : « .... *Le* » *système de Finances fondé en l'an 8 et qui subsiste encore tout entier*..... » (Observations et éclaircissemens, *page 34.*)

Et dans ses Notes en réponse à l'Opinion d'un Créancier de l'État : « ..... *Le système de Finances fondé en l'an 8, et auquel je* » *ne vois pas que l'on se dispose à rien changer* (Il ne voyait guère » clair), *était celui qui convenait à la France et*........ *pouvait, si* » *les circonstances n'eussent changé, la conduire à une prospérité durable*.... » *On peut dire ces choses-là, parce qu'elles sont vraies*..... (Page 7.)

C'est précisément ce que je vais examiner.

de fidélité, de justice; à ne respecter aucun fonds d'Amortissement, violer tous les contrats, méconnaître tous les droits des Créanciers de l'État, faire *banqueroute sur banqueroute* en annonçant chaque année que ce serait la dernière.

Espérons que cette promesse sera pour la première fois accomplie en 1815 (1).

___

(1) L'Administration des Finances de l'an 9 à 1814 fut, comme toutes les autres parties de ce Gouvernement, remarquable par le plus étrange et le plus constant abus des mots.

Cette Administration créa une *CAISSE D'AMORTISSEMENT qui n'a rien amorti* et qui n'a eu d'autre but et d'autre résultat que d'avilir le cours de la Dette, en émettant forcément, illégalement et clandestinement des Rentes éteintes ou de nouvelle création.

D'après la destination qu'elle a remplie, elle aurait dû être appelée *Caisse de Désamortissement*.

Chaque fois que, dans un Compte de Finances, il était question de *Crédit*, on pouvait être assuré qu'il s'agissait d'une mesure propre à produire le *discrédit*. Le Crédit public n'a jamais été invoqué pendant ces quatorze années que pour être outragé et attaqué.

Deux mots dont cette Administration a le plus étrangement abusé, sont ceux de *liquidation* et d'*économie*. L'économie avait été transportée de la dépense au paiement. Je m'explique : aucune mesure n'était prise pour que les dépenses *fussent ordonnées et faites avec économie*, pour que la valeur des objets achetés et des travaux exécutés n'excédât pas les fixations des Budgets; mais lorsqu'il s'agissait du paiement des dépenses ordonnées et effectuées, on se souvenait tardivement de l'*économie* et des fixations des Budgets; on livrait les Créanciers à d'interminables *liquidations;* on réduisait les créances légitimes ; on en refusait le paiement, parce qu'elles excédaient les fixations des Budgets, et on appelait cela agir avec *économie. La liquidation* et l'*économie* étaient devenues, pour les Créan-

Loi
30 ventôse
an 9
comparée
plan de 1814
et
juin 1815.

Le premier anneau de cette chaîne non interrompue d'infidélités et de *banqueroutes*, fut donc la Loi du 30 ventôse an 9 (1).

Le Rapport et le Discours qui précédèrent cette Loi évaluaient l'Arriéré antérieur à 90 millions ; et il fut accordé, pour y satisfaire, un crédit de 2,700,000 fr. de Rentes (art. 1.er)

Évaluation,
Liquidation
Paiement
de l'Arriéré
en l'an 9.

Cette évaluation et ce crédit n'égalaient pas le sixième de la Dette certaine.

En effet, quoique le Conseil de liquidation ait détruit, par ses injustices journalières et par la déchéance finale, cinq ou six cents millions de créances légitimes, il n'a pu se refuser à en liquider et à en reconnaître près de 300 millions qui ont été inscrites.

Par les soins de ce Conseil de liquidation, deux classes furent faites des Créanciers de l'État.

Les Créanciers que le hasard ou une bienveillance coûteuse rangea dans la classe la moins malheureuse, après avoir subi les lenteurs d'une liquidation prolongée pendant plusieurs années et d'injustes réductions, reçurent à peine le quart, le tiers ou la moitié au plus de leurs créances, en valeurs dépréciées.

Quant aux malheureux jetés dans la seconde classe, après une longue et vaine attente, ils furent, par une

____

ciers de l'État, synonymes d'*injustice* et de *banqueroute*. (Voir l'Opinion d'un Créancier de l'État, *pages 10 et 11*.)

(1) Je néglige les Lois de l'an 8, qui ne furent que provisoires et vinrent se fondre dans la Loi du 30 ventôse an 9.

déchéance subite, irrévocable, prononcée sans examen et à leur insu (1), dépouillés de tous leurs droits, et privés à jamais de tout espoir de recouvrer la moindre partie des créances les plus légitimes.

Les Créanciers de 1814 et de 1813, en voyant le Projet de Loi de juin 1815 débuter à leur égard, comme la Loi du 30 ventôse an 9, par un paiement forcé en Rentes, par une évaluation atténuée, par la dissimulation de plus de la moitié de la Dette, n'ont-ils pas eu de trop justes sujets de redouter le triste sort des Créanciers de l'an 9, une lenteur calculée, des réductions arbitraires et une déchéance imprévue. *En juin 1815.*

Le plan de 1814 ne pouvait inspirer aux Créanciers de l'État aucune de ces craintes; il était, jusque dans le défaut qu'on peut lui reprocher, calculé pour inspirer la sécurité (2). *En 1814.*

Une première Loi du 6 frimaire an 8 (art. 5) avait affecté à l'Amortissement de la Dette perpétuelle, une somme égale aux arrérages des Rentes viagères et Pensions qui viendraient à s'éteindre à partir du 1.er germinal an 8. *Amortissement de la Dette publique, affecté sur les extinctions des Rentes viagères, en l'an 9.*

---

(1) Le Décret du 25 février 1808, qui prononça cette déchéance, n'a pas été inséré au Bulletin des lois; il a été donné ordre de le tenir secret. Il fut relaté et confirmé publiquement, pour la première fois après son exécution, par la Loi du 15 janvier 1810.

(2) C'est *pour inspirer la sécurité aux Créanciers* qu'il faut se garder d'atténuer les évaluations de la Dette, et *que l'exagération est préférable et presque nécessaire.*

Cette disposition, renouvelée par la Loi du 15 juillet 1811 (art. 14), si elle eût été exécutée, aurait procuré à la Caisse d'Amortissement, en quatorze ans, une somme immense, qui, fidèlement employée à l'Amortissement, aurait en peu de temps rétabli la Dette publique au pair.

La Caisse d'Amortissement n'a reçu sur ces extinctions que 1,678,508 fr. 05 cent. *(Compte de l'an XII, pages 138 et 139)*, et l'exécution de ces Lois a été abandonnée.

Le Projet de Loi de juin 1815 (art. 5) affectait de nouveau les extinctions de la Dette viagère à l'Amortissement de la Dette perpétuelle.

Pouvait-on avoir confiance dans l'exécution d'une affectation renouvelée pour la troisième fois, et déjà deux fois négligée, violée ou abrogée!

La Loi du 30 ventôse an 9 avait créé un fonds d'Amortissement composé (art. 12),

1.° D'un revenu en domaines qui n'a jamais été versé à la Caisse d'Amortissement;

2.° D'un capital de 70 millions à prendre sur la vente des domaines : cette somme fut convertie, par la Loi du 20 floréal an 10 (art. 10), en un revenu annuel de 10 millions à verser par l'Administration des Postes; puis reporté par plusieurs Décrets et par la Loi du 24 avril 1806, sur des domaines nationaux à vendre, qui furent délégués à la Caisse d'Amortissement, et dont la plupart lui échappèrent;

3.° D'un capital égal à celui des Rentes qui auraient été inscrites : ce capital ne fut jamais versé.

Un fonds d'Amortissement annoncé dans des proportions aussi gigantesques ne fut réalisé en aucun point; s'il l'eût été seulement pendant deux ou trois ans, les Rentes auraient été ramenées au pair et portées au-delà.

Le seul commencement d'exécution que reçurent ces promesses exagérées et trompeuses, fut la réalisation, mais incertaine, mais lente, de 30 millions au plus (*Compte de l'an XII, pages 128, 138 et 139*) versés à la Caisse d'Amortissement en treize années, et employés momentanément en achats de Rentes, qui furent prises, reprises, converties en domaines, achetées, vendues et revendues, de telle manière qu'il ne reste à la Caisse d'Amortissement aucune parcelle des Rentes qu'elle avait rachetées et qu'elle devait éteindre.

Exécution commencée.

Cette prétendue Caisse d'Amortissement, malgré des assurances renouvelées chaque année, n'a jamais servi ni à amortir la Dette publique, ni à en soutenir le cours au pair; elle n'a eu depuis l'an 9, dans l'intention de son fondateur, d'autre destination, et elle n'a, en dernier résultat, eu d'autre effet que d'émettre des Rentes, sans aucun égard pour leur cours, et souvent à un prix inférieur à celui auquel elle les avait reçues ou achetées. (*Voir pages 212 à 225.*)

Ses résultats détruits.

Le Projet de Loi de juin 1815 renouvelait les promesses d'Amortissement annuellement renouvelées de-

Renouvelé en juin 1815.

14

puis l'an 9 ; auraient-elles été mieux garanties, plus fidèlement accomplies !

Ce Projet (art. 5 et 6) affectait à l'Amortissement un Revenu de 5 millions à prendre sur les Bois des Princes et sur ceux des émigrés, réunis au domaine de l'État (1).

Pouvait-on inspirer la confiance, en livrant à la Caisse d'Amortissement, établissement consacré à la foi publique, les fruits de la violence et de l'injustice : *le Crédit public ne s'allie pas avec la rapine.*

Insuffisance de ce fonds 'Amortissem.'

Lors même que l'on aurait pu croire que ce revenu annuel de cinq millions serait fidèlement versé à la Caisse d'Amortissement, ce fonds d'Amortissement était insuffisant pour ramener au pair une Dette de 63 millions de Rente, soit, douze cent soixante millions de Capital ; au moment sur-tout où l'on avait jeté cette Dette dans un discrédit extrême, en l'augmentant par l'agglomération forcée d'une Dette exigible avouée pour 251 millions, et au moins double.

Ce fonds d'Amortissement de cinq millions devait, il est vrai, s'accroître par la progression des extinctions des Rentes viagères ; mais cette progression est lente, incertaine et inconnue, toutes qualités opposées à celles que doit avoir *un fonds d'Amortissement* qui *exige certitude et évidence.*

______

(1) Les Bois désignés obscurément dans ces articles par les termes *Bois de seconde origine,* sont ceux des Princes et des émigrés, qui avaient été rendus par la Loi du 5 décembre 1814 à leurs légitimes propriétaires et ressaisis par un Décret du 13 mars.

La progression de ce fonds d'Amortissement était d'ailleurs si malheureusement combinée, qu'elle se trouvait en raison directement opposée à ce qu'aurait demandé le succès de l'opération.

Au moment où le discrédit était grand, où la Dette allait être augmentée par la Consolidation forcée, le fonds d'Amortissement proposé était faible et impuissant : à une Dette perpétuelle et exigible de dix-huit cents millions, descendue à 55 p. o/o, on opposait un fonds d'Amortissement de cinq millions. Ce fonds ne devait croître que de cinq à six cents mille francs par an.

Pouvait-on espérer quelque résultat favorable d'aussi faibles moyens d'Amortissement, dont la puissance aurait été atténuée par le souvenir des infidélités précédentes?

N'était-ce pas une dérision d'entendre le Ministre des Finances de juin 1815, qui avait conçu et proposé un pareil plan d'Amortissement, accuser d'impuissance et d'imprévoyance celui du Ministre de 1814, dont nous avons indiqué la force, et dont nous avons vu les résultats rapides et surprenans *(pages 193 à 200)*.

EMPRUNT

FAIT EN MAI ET JUIN 1814,

COMPARÉ

À CELUI FAIT EN 1814.

J'AI opposé aux promesses d'Amortissement du plan de juin 1815, l'inexécution des promesses faites en l'an 9 : mais, me dira-t-on, sachez que vous parlez à un Administrateur corrigé de ses anciennes habitudes; avouant qu'il a eu des torts, qu'il a pu faire des fautes; et proclamant hautement qu'il allait les réparer.

Déjà la Dette publique avait été garantie par un article formel de l'Acte additionnel, et on avait promis de dire aux deux Chambres la vérité toute entière sur notre situation financière.

Je sais qu'on l'avait promis; mais il me semble que, dans un court espace de trois mois et demi, on avait fait tout le contraire.

N'ai-je pas démontré que près de la moitié de l'Arriéré avait été dissimulée; qu'en garantissant la Dette publique par une vaine phrase, on en avait avili le cours par une émission forcée, par des injustices et des *banqueroutes* répétées !

Les actes démentaient donc déjà les promesses.

Quelle confiance pouvait-il rester pour les années à venir !

Mais n'avait-on pas fait pis encore ! N'avait-on pas déjà violé toutes les promesses d'Amortissement, au moment où on les proférait ! N'avait-on pas justement mérité des reproches bien plus graves que ceux que l'on prodiguait à tort au Ministre/des Finances de 1814.

L'art. 7 du Projet de Loi de juin 1815 portait : *La Caisse d'Amortissement continuera à jouir de l'intérêt des Rentes qu'elle aura acquises, et appliquera le produit de ces intérêts à de nouveaux Rachats. (Pages 44 et 47).*

Cette disposition, première règle de l'Amortissement composé, avait été textuellement exprimée dans la Loi du 15 juillet 1811 (art. 14). Comment a-t-elle été exécutée pendant quatorze années ! Comment depuis trois mois !

Il existait, suivant le Compte de Finances de 1814, 3,600,000 francs de Rentes appartenant à la Caisse d'Amortissement.

Le Compte de juin 1815 ne parle point de ces Rentes.

Le chapitre VI *(pages 37, 38, 39, 40, 41 et 42)*, consacré à la Caisse d'Amortissement, n'indique pas si ces Rentes existent, ni s'il en a été disposé, et quel emploi il en aurait été fait ; mais l'Ordonnance royale du 16 juillet dernier nous a appris que, du 16 mai au 8 juillet 1815, ces Rentes ont été vendues sur la place, au cours de 50 fr.

Voilà encore une violation formelle, récente, et de toutes les Lois antérieures sur l'Amortissement, et des promesses que faisait le Projet de Loi.

A l'instant même où cette promesse était solennellement renouvelée, où on proposait de lui donner la sanction itérative de la Loi, une opération clandestine la rendait illusoire.

Il n'est pas besoin de s'arrêter à démontrer combien la Vente des Rentes de la Caisse d'Amortissement est contraire à l'Amortissement, au crédit, à la foi publique, à toutes les règles d'administration et de morale, même en promettant de remplacer ces Rentes par un revenu à prendre sur des domaines. C'est à la Commission nommée par l'Ordonnance du 16 juillet à juger, sous ce rapport, la spoliation des Rentes de la Caisse d'Amortissement : je ne préjugerai pas sa décision, il ne m'appartient pas de m'ériger en juge ; mais une opération illégale et immorale peut être plus ou moins désastreuse en Finances ; j'ai le droit, comme tout Créancier de l'État, d'examiner les résultats matériels et pécuniaires de cette opération, de la soumettre au calcul.

Je ne l'examinerai que sous ces rapports.

Toute émission d'Effets publics n'est qu'un Emprunt déguisé. Voyons quelles étaient les conditions de cet emprunt, et comparons-le avec l'emprunt à 8 p.r o/o reproché au plan de Finances de 1814.

Le Décret du 16 mai dernier, qui dépouillait la Caisse d'Amortissément, ordonnait que ses Rentes seraient vendues à une Compagnie, au cours de 50 francs pour 100 francs.

La Compagnie, en versant au Trésor 50 fr., obtenait 5 fr. de Rentes; l'emprunt, n'eût-il eu pour le Prêteur apparent que ce seul avantage, était donc fait à 10 p.r o/o d'intérêt.

Les Obligations du Trésor du plan de Finances de 1814 ne portaient que 8 p.r o/o d'intérêt. L'emprunt de 1814 était donc moins coûteux que celui du deuxième trimestre 1815, en ne l'envisageant que sous ce seul rapport.

Mais les Rentes vendues 50 fr. se négociaient à la Bourse le 16 mai, date du Décret, 59 fr.; elles s'élevèrent, par l'effet des événemens politiques, jusqu'à 69 fr., et ne furent pas au-dessous de 55 fr. (1) pendant la durée de la négociation.

Au cours de 55 fr., le moindre bénéfice de la Compagnie était de 5 fr. sur 50 fr., soit, de 10 pour o/o.

Au cours de 69 fr., ce gain s'élevait jusqu'à 38 p.r o/o.

Cet excessif bénéfice ne fut le prix d'aucune avance

---

(1) Il y eut, pendant quelques heures, des cours de 52 à 55 francs, mais on pense bien que la Compagnie ne vendit rien à ce cours d'un instant.

de fonds qui, en aidant le Trésor, soulageât la place ; mais seulement le droit de courtage de la Compagnie, qui engageant ou vendant à la Bourse les Rentes qu'on lui livrait, y recueillait d'une main l'argent qu'elle versait de l'autre au Trésor, en prélevant un énorme profit.

Le bénéfice de la Compagnie, qui fut de 10 à 38 p.^{r} o/o, n'est pas la juste mesure du prix que cet emprunt déguisé coûta aux Finances.

Le Trésor recevant 50 fr. en numéraire, donnait 100 fr. de capital dans les 5 p.^{r} o/o consolidés.

Un bon système d'Amortissement devant tôt ou tard et probablement devant prochainement ramener les 5 p.^{r} o/o au pair, le Trésor du ROI remboursera 100 fr. pour chaque somme de 50 fr. qui a été versée au Trésor de *Buonaparte*.

Cet Emprunt fut donc fait au taux de cent pour cent.

Le Ministre des Finances de 1814 donnait 100 fr. pour 100 fr. et jamais plus, et en attendant le remboursement il payait 8 p.^{r} o/o d'intérêt.

Le Ministre des Finances du deuxième trimestre 1815, destructeur empressé, détracteur acharné de ce plan, a fait bien mieux ; il a, dans sa courte administration, donné 100 fr. pour 50 fr. ; il a consenti à payer 10 p.^{r} o/o d'intérêt jusqu'au remboursement double de la somme qu'il a reçue ; et il a abandonné au moins 10 et jusqu'à 38 p.^{r} o/o de courtage à la Compagnie qui est venue suggérer cette économique opération, s'interposer entre les particuliers qui prêtaient leurs capitaux et le Trésor qui empruntait, pour tromper l'un et l'autre, pour obtenir sans frais, sans risques, sans avances, un bénéfice immense qu'elle se partage maintenant dans l'ombre où elle s'est réfugiée, à l'abri de toute poursuite, où elle se rit de la crédulité qu'elle a trompée et dépouillée, du scandale public, des pertes et des malheurs que cette désastreuse opération a causés et causera pendant long-temps encore (1).

Après avoir outragé, anathématisé le Crédit public

____

(1) En calculant les ventes jour par jour, au cours de la place, le bénéfice serait de cinq millions; mais la Compagnie aura saisi pour vendre les plus hauts cours, en sorte que le gain doit avoir été plus considérable. Si, comme tout porte à le croire, la Compagnie a pu réaliser au cours moyen de 60 francs, son profit a été de 7 millions sur 35 millions (20 pour o/o). On ne peut justifier ce bénéfice exorbitant, en prétendant que le marché ayant été conclu à forfait, si le cours eût baissé au-dessous de 50 francs la Compagnie eût toujours fourni ce prix. Cette Compagnie n'avait donné aucune garantie, aucun cautionnement, *n'avait signé aucun traité*; elle était restée invisible et insaisissable, afin de pouvoir abandonner son marché s'il lui fût devenu onéreux. Si telles n'étaient pas ses intentions, ses précautions étaient parfaitement bien prises pour pouvoir en agir ainsi; on en jugera par un fait : un des membres de cette Compagnie doit à l'Administration de l'Enregistrement, depuis six ans, 36,000 francs, dont, malgré les poursuites les plus opiniâtres et plusieurs jugemens, il a été impossible d'obtenir le paiement; ses meubles même ne lui appartiennent pas.

Il ne peut y avoir qu'un seul moyen d'excuse pour ceux qui ont participé à cette opération : l'Ordre souverain et tyrannique qui l'a commandé, qui a réglé les conditions et choisi les agens, malgré les remontrances et les refus des Administrateurs.

pendant quatorze années d'administration, il a fallu y recourir; il a fallu mendier ses secours et les payer bien plus chèrement que ce Ministre de 1814, inhabile et imprévoyant, qui vantait le Crédit public et lui obéissait.

On n'a pas osé, en mai et juin 1815 , aborder franchement le Crédit, emprunter ouvertement sur la place à des conditions publiques, à un intérêt réglé constitutionnellement ; il a fallu se cacher, s'envelopper de ténèbres, se glisser par des voies obscures et détournées, employer des intermédiaires, des déguisemens pour arriver jusqu'à la bourse des capitalistes ; pour leur soutirer quelques sommes, il a fallu les induire en erreur, parce qu'on n'a pas su, en les abordant ouvertement et avec franchise, leur inspirer confiance ; en un mot, pour obtenir quelques fonds à un prix exorbitant, il a fallu tromper.

On a vendu comme des Rentes appartenant à des particuliers, les Rentes de la Caisse d'Amortissement; comme des Rentes existantes, les Rentes éteintes par la Loi ; et l'on s'est cru habile, lorsque l'on n'était que perfide (1).

_____

(1) Je dois à la vérité de faire remarquer que si les Rentiers et les spéculateurs ont été trompés par la Vente des Rentes de la Caisse d'Amortissement, c'est entièrement leur faute. Le Ministre des Finances du deuxième trimestre 1815 avait professé, en juillet 1814, une doctrine telle, que la Vente des Rentes de la Caisse d'Amortissement était la conséquence naturelle de son retour au Ministère. Je rappelle ses expressions, véritablement prophétiques de cette désastreuse opération :

Vainement voudrait-on faire servir les circonstances d'excuse à la forme comme au fond de cette opération; il faut remonter plus haut : c'est parce que l'on avait pris dès l'an 9 une fausse route, que l'on s'est égaré de plus en plus; c'est parce que l'on avait trompé en l'an 9 et depuis, qu'il a fallu tromper en juin 1815.

Une fois engagé dans un cercle vicieux d'erreurs et de perfidies, l'Administrateur est irrésistiblement entraîné à faire fautes sur fautes; il devient le jouet des événemens et la dupe des agioteurs, qui, dans cette lutte honteuse et inégale d'adresse et de fourberies, le surpassent sans cesse, et font tourner à leur profit

---

» Nous avons été depuis quinze ans engagés dans des guerres con-» tinuelles; *l'action de la Caisse d'Amortissement a* donc *été* nécessaire-» ment *suspendue*..... Le Gouvernement-*a eu le droit d'exiger* de cet » établissement *un genre de service* qu'il était éminemment propre à » rendre; celui de mettre le Trésor à portée *d'employer à ses affaires* » des valeurs considérables *en domaines et autres objets* qui ne pouvaient » se réaliser qu'avec le temps..... *(Observations et éclaircissemens, pag. 35.* » *Juillet 1814.)* »

Il peut donc nous dire : « Je ne vous ai pas trompés; j'ai vendu, il est vrai, les Rentes de la Caisse d'Amortissement, mais je vous l'avais bien promis; et d'ailleurs je lui ai donné des Bois en échange; c'est tout comme si j'avais vendu les Bois....... » Je laisse au lecteur à apprécier cette justification.

On ne poussera pas sans doute l'assurance jusqu'à nous dire comme l'année dernière : ...... *Sous le rapport même de l'Amortissement de la Dette, la Caisse d'Amortissement n'a pas été entièrement inutile*....... *(Observations et éclaircissemens, pag. 35. Juillet 1814).* Voir aussi sur cette discussion importante les *pag. 10, 11 et 12* des Notes en réponse à l'Opinion d'un Créancier de l'État, et cette Opinion, *pages 19 et 20, 89 et 90.*

particulier toutes ses fautes et les malheurs publics et particuliers qui en découlent (1).

Cette opération funeste pèse maintenant sur les propriétaires de Rentes.

Danger et Pertes pour les anciens Rentiers.

Le peu qui avait été fait pour l'Amortissement de la Dette publique est entièrement détruit ; les Rentes que la Caisse d'Amortissement avait acquises, terme moyen, plus de 76 fr., ont été vendues 50 francs (2), et le fonds flottant des Rentes est augmenté sur la place de 3,500,000 francs.

Cette augmentation n'a pu avoir lieu qu'au préjudice des anciens Rentiers ; car *lorsque les fonds publics*

----

(1) Tirons pour l'avenir quelques leçons de cette opération déplo--rable ; elle fournit de nouvelles preuves à ces axiomes de l'économie politique, appliqués à l'Administration des Finances,

Qu'un Gouvernement ne peut se passer de Crédit, qu'il n'a que le choix du prix auquel il le paie ;

Qu'il n'a ni le droit ni le pouvoir de fixer ce prix ;

Que ce prix s'élève d'autant plus, qu'il prétend par la violence le fixer plus bas ;

Que ce prix baisse d'autant plus, qu'il accorde des conditions plus favo-rables et plus de liberté à ses Créanciers, &c.

Calcul des Pertes de la Caisse d'Amortissem.

(2) La Caisse d'Amortissement possédait le 31 décembre 1812, suivant le Compte des Finances de 1812 *(page 159)*, 4,504,701 fr. de Rentes, lesquelles, au prix d'acquisition, représentaient, dans son actif, une somme de 68,953,095 francs ; ce qui porte le prix moyen d'acquisition à 76 francs 50 centimes pour 5 fr. de Rentes.

Les 3,500,000 f. de Rentes à 76 f. 50 c. avaient coûté 53,500,000 f. à la Caisse d'Amortissement ; elles ont été vendues à 50 fr., pour la somme de 35,000,000.

Il y a eu une perte sèche et irréparable de 18,500,000 fr. pour la Caisse d'Amortissement.

ne sont pas au pair, toute nouvelle émission tend à avilir davantage le cours, et n'est dès-lors qu'un impôt déguisé mis sur tous les propriétaires de Rentes, lequel agit en réduisant proportionnellement la valeur de leurs capitaux du montant de la valeur des nouvelles Rentes émises, et même dans une proportion plus forte. (Voir pages 250, 251, 252 et 253).

Cependant, malgré l'émission subite de 3,500,000 francs de Rentes en six semaines, le cours s'est amélioré. On en peut assigner deux causes : la première, les événemens politiques, qui en ramenant le ROI ont rétabli la confiance et la sécurité pour l'avenir ; et la seconde, le manége même de la Compagnie.

Ayant acheté la Rente à un prix fixe, son intérêt a été de ménager le cours jusqu'à ce qu'elle eût réalisé ses bénéfices, et qu'elle fût, comme on dit, *sortie de la Rente.* Le secret, le soin de soutenir la Rente au comptant, en vendant à terme, et plusieurs autres manœuvres de cette espèce, ont pu pendant quelque temps tromper le public et faire illusion ; mais l'effet de ces moyens ne pouvant être que de courte durée, a préparé une réaction funeste que nous aurions ressentie plus vivement qu'en aucune autre circonstance, si les événemens politiques ne fussent venus au secours de l'opération.

On peut affirmer que cette opération a empêché et empêchera long-temps la Rente de s'élever au cours auquel le retour de la confiance devait la porter ; et qu'en ce sens elle a réellement enlevé aux propriétaires de Rentes les 35 millions versés au Trésor en mai et juin derniers (1) : c'est un impôt, un emprunt forcé fait aux Rentiers; c'est une anticipation dont le remboursement final retombera à la charge du Gouvernement actuel pour une somme double de celle empruntée.

Pertes
pour
les Créanciers
de l'État.

Combien les reproches que l'on peut faire à cette opération s'aggravent, lorsqu'elle concourt avec une émission forcée de Rentes en paiement des créances arriérées !

« Quoi, peuvent dire les Créanciers de l'État, méconnaissant nos droits, violant la parole qui nous avait été donnée, vous nous forcez de recevoir au pair des Rentes dépréciées ; et au même instant vous augmentez cette dépréciation, vous accroissez nos pertes, vous consommez notre ruine, *par une émission clandestine de Rentes livrées à moitié du prix pour lequel vous nous forcez de les recevoir*; vous détruisez le fonds d'Amortissement, notre unique voie de salut ; vous achetez chèrement à nos dépens une somme d'argent

---

Calcul
de la Perte
pour
les Rentiers.

(1) On peut affirmer que le résultat de cette émission de 3,500,000 fr. de Rentes a causé dans le cours de la Rente une réduction au moins de 5 francs.

En calculant ainsi au plus bas, le total de la Dette perpétuelle étant de 63 millions de Rentes représentant un capital de 1,260 millions, une réduction de 5 francs dans le cours de la Dette, aurait, pour procurer 35 millions au Trésor, causé aux Rentiers une perte au moins de 63 millions; il y a tout lieu de croire que la perte pour les Rentiers a été encore plus forte.

pour la distribuer à quelques-uns d'entre nous étrangement favorisés. Peut-on pousser plus loin l'injustice!
peut-on employer plus de soin à assurer la ruine des
Créanciers et des Rentiers de l'État, à leur enlever
tout espoir même pour l'avenir le plus éloigné! Car
quelles promesses d'Amortissement accomplirez-vous,
quel fonds d'Amortissement respecterez-vous jamais!
N'ajoutez-vous pas l'ironie à l'injustice, n'insultez-
vous pas aux malheureux que vous dépouillez, lorsque',
page 37 de votre Compte, dans le chapitre VI intitulé
de la Caisse d'Amortissement, vous dites hardiment
contre toute vérité : »

    « La Caisse d'Amortissement était devenue, sous
» le dernier Gouvernement, un simple bureau du
» Trésor............
    » Cette institution doit être ramenée aujourd'hui
» à sa véritable fonction; celle d'opérer l'Amortisse-
» ment de la Dette perpétuelle. Une Loi du 15 juillet
» 1811 avait mis à sa disposition un revenu suffisant
» pour l'extinction, en quinze années, de 8 millions
» d'intérêt annuel, dont il avait été jugé convenable
» que la Dette perpétuelle fût successivement dimi-
» nuée (1). Cette opération était en cours d'exécution

____

(1) N. B. *L'objet et l'effet d'un fonds d'Amortissement ne sont pas de
rembourser la Dette publique, ni de la réduire à une somme fixe; mais de
la maintenir au pair, en l'élevant, ou l'abaissant au niveau juste que peut
soutenir et qu'exige l'abondance ou la rareté des capitaux disponibles qui
recherchent leur placement dans les fonds publics, suivant le degré de
confiance que le Gouvernement sait inspirer, et suivant le degré de richesse de
l'État emprunteur et des pays voisins.*
Le fonds d'Amortissement, quand on sait en diriger le jeu,

» depuis deux ans, lorsque *le dernier Gouvernement a*
» *jugé à propos de l'interrompre.* »

Le dernier Gouvernement, celui de 1814, n'a pas
à se reprocher d'avoir interrompu une opération qui
n'a pas été commencée; car, d'après les Comptes de
Finances de 1812, 1813 et 1814, publiés par le
Ministre des Finances du deuxième trimestre 1815,
aucune somme n'a été versée à la Caisse d'Amortissement, ni employée en Rachats de Rentes en exécution
de la Loi du 15 juillet 1811. Aussi complètement que
celles des Lois qui l'avaient précédé, ses promesses
sont restées vaines et ses dispositions nulles.

Le Ministre des Finances de 1814 a dû regarder
comme non avenues des Lois qui n'avaient jamais été
exécutées par ceux qui les avaient faites; mais les faits
prouvent et j'ai démontré que le système qu'il a adopté

devient, pour me servir d'une comparaison parfaitement exacte,
tantôt un déversoir par lequel le trop plein s'écoule volontairement
dans les temps de pénurie; tantôt un canal qui amène, par une
pente insensible, des eaux surabondantes, pour tenir toujours rempli
le réservoir de *la Dette publique,* dont la capacité *s'étend en même temps
que l'aisance générale s'accroit.*

Cette comparaison explique le phénomène que présente l'Angleterre empruntant chaque année, sans nuire à son crédit, plus que
son fonds d'Amortissement ne rachète; ce qui prouve qu'elle est
dans un état croissant de prospérité, et démontre l'ineptie de toutes
les prédictions qui, depuis quinze ans, annoncent sa banqueroute.
Il faudrait commencer à craindre sa banqueroute, si elle était réduite
à ne pouvoir réaliser un emprunt, ou à emprunter moins que son
fonds d'Amortissement ne rachète.

était bien plus favorable aux Créanciers et aux Rentiers de l'État, que le système précédent.

N'avait-il rien fait pour améliorer le sort des Rentiers, le Ministre qui, en peu de mois, avait élevé le cours de la Dette exigible au pair, et porté la Rente perpétuelle de 45 fr. à plus de 80 fr. Cette amélioration, extraordinaire sur-tout par sa rapidité, avait été opérée au moyen du fonds considérable d'Amortissement affecté au Rachat de la Dette exigible et à prendre sur les Ventes de Bois et de Biens communaux.

Il est fort singulier de voir l'écrivain anonyme qui, en 1814, prétendait que le Ministre se réservait une latitude immense pour agir sur la Dette, lui reprocher, contre l'évidence, redevenu Ministre en juin 1815, d'être resté sans moyens suffisans pour soutenir son plan.

Il fallait, en 1814, empêcher l'admission et la réussite d'un système qui faisait la condamnation du système antérieur ; il fallait, en juin 1815, calomnier un plan qui avait réussi et que l'on voulait abandonner : rien donc de plus conséquent que cette contradiction apparente.

INFLUENCE

SUR LE COURS DE LA RENTE

DU PLAN DE FINANCES

DE L'AN 9 À 1814, ET DE CELUI DE 1814.

Des assertions mensongères, des raisonnemens erronés, ne prévalent pas sur les faits ; et nous avons un nouveau moyen simple et infaillible de juger les deux systèmes contraires, en étudiant leur influence sur le cours de la Rente.

Peu de jours avant la Loi du 30 ventôse an 9, lorsque le plan du Ministère était encore inconnu, lorsqu'on se flattait du retour de la justice et de la bonne foi dans l'Administration des Finances, un crédit hâtif, produit par l'espérance, avait porté le cours de la Rente jusqu'à 68 fr. (le 24 pluviôse an 9).

Dès que le Projet de la Loi du 30 ventôse an 9 fut connu ; dès que les discours du Ministre des Finances et des Orateurs du Gouvernement eurent proclamé les principes d'infidélité qu'adoptait l'Administration ; dès que les efforts de quelques Orateurs du Tribunat furent devenus impuissans, le cours de la Rente retomba subitement à 50 fr. et descendit bientôt après à 40 fr. (1) ; et pendant les six années qui suivirent, il se traîna entre ce taux et celui de 60 fr., qu'il n'atteignit et ne dépassa que rarement et accidentellement.

Ce ne fut qu'en 1806 que le cours de la Rente s'éleva et se maintint au-dessus de 60 fr., et en 1807 qu'il dépassa 80 fr. Ce cours élevé fut dû aux contributions étrangères ; et sur-tout aux principes de fidélité et de crédit qui, au commencement de 1806, furent introduits au Trésor par un Ministre éclairé et habile (2), mais que le système contraire consacré par la législation et par toutes les mesures qui émanaient du Ministère des Finances, réduisait sans cesse à lutter en secret contre l'injustice et l'infidélité, à modifier dans l'exécution les dispositions les plus funestes, et à ne suivre les règles du Crédit que furtivement et à la dérobée.

Le Ministre de l'an 9 et années suivantes n'obtint ce cours de 80 fr., pour une Dette bien plus faible, qu'après six années de prospérité et de succès prodigieux ; lorsque la France, brillante de gloire et de force, embrassait de vastes et riches provinces, puisait dans les pays voisins des subsides considérables, et alors seulement que les conseils de la fidélité et les

---

(1) Le cours de la Rente était, le 17 thermidor an 9, à 39 francs 75 centimes.

(2) M. le Comte *Mollien* fut nommé Ministre du Trésor, le 27 janvier 1806. Le cours de la Rente était à 62 francs.

efforts du Crédit vinrent secrètement prendre part à l'Administration des Finances (1).

Ministère du Trésor.

(1) *N. B.* Lorsqu'il existe un Ministère du Trésor, quoique indépendant par son titre, son action est, par la force des choses, sous la dépendance du Ministère des Finances. Il ne peut agir et se débattre qu'entre les limites tracées par les Budgets et par les Lois préparées au Ministère des Finances. Le système d'un Ministre du Trésor, quel qu'il soit, est inévitablement soumis au système adopté au Ministère des Finances. En s'en écartant dans les points principaux, il s'exposerait à perdre à-la-fois les avantages des deux systèmes opposés, et à ne recueillir que les difficultés et les inconvéniens de la lutte qu'il éleverait. Ce n'est que dans des mesures accessoires et par des moyens secondaires qu'il peut faire connaître ses principes et en recueillir quelques fruits. (Voir les *Observations et Eclaircissemens*, août 1814, *page 38.*)

Caisse de Service.

La plus importante et la plus habile des nombreuses mesures de Crédit public qui signalèrent le dernier Ministère du Trésor, fut l'établissement, en juillet 1806, de la Caisse de Service, qui rendit au Trésor une partie de l'indépendance, de la liberté d'action et des moyens de Crédit dont les Budgets et le système de *Banqueroute* l'avaient privée jusqu'alors. Cette Caisse fut adroitement placée hors des Budgets et des Comptes des Finances et du Trésor, afin de la soustraire à l'Influence du système qui y dominait, et qui n'aurait pas tardé à la vicier et à la détruire.

Cet établissement rendit des services réels et multipliés; il eut une influence heureuse et puissante sur le Crédit; il parvint souvent à contre-balancer les mesures de discrédit, et toujours à en atténuer les fâcheux effets. Mais la Caisse de Service, dirigée par le Ministre vers une obscure utilité, avec une modestie qui faisait son salut, en n'attirant pas l'attention, et en conservant son indépendance, ne fût pas suffisamment appréciée, et n'obtint pas l'importance et l'estime qui lui étaient dues; on ne connut pas tout le mérite, toute l'étendue de son influence et de ses services.

Pendant la longue nuit de la *Banqueroute*, elle préserva du souffle de l'impéritie la flamme vacillante du Crédit public : elle conserva

Le Ministre des Finances de 1814, partant presque du même point (1), mais proclamant hautement un système de fidélité et de crédit, avait atteint le même résultat en quelques mois (2) d'administration, avec une Dette double dont le tiers était exigible, après les revers les plus désastreux, l'envahissement, l'appauvrissement, l'affaiblissement de la France.

L'abandon, dans le 2.ᵉ trimestre 1815, du plan de 1814, devint le signal du renouvellement du discrédit. L'espérance du maintien de ce plan avait d'abord, pendant les derniers jours de mars et les premiers jours d'avril, soutenu le cours de la Rente entre 74 (3) et 65 francs (4).

Un Décret du 14 avril, en réglant la conversion des Obligations en Rentes, donna le premier signal du retour au paiement de l'Arriéré en Rentes. A l'instant, et dès le lendemain 15 avril, le cours tomba à 58 francs ; dix jours après, il était descendu à 55 francs. Il serait tombé plus bas, si bientôt après,

Du plan de Finance de 1814.

De juin 181

---

sous la cendre ce feu sacré, et, dans le silence, fit circuler sa chaleur vivifiante, jusqu'au moment où, rallumé dans ce sanctuaire, le Crédit put briller de tout son éclat, éclairer, ranimer les Finances.

(1) Le cours de la Rente était, le 19 janvier 1814, à 46 francs et le 29 mars 1814, à 45 francs.

(2) Cinq mois après, le 30 août 1814, le cours avait été reporté à 78 francs, et le 3 mars 1815, à 82 francs.

(3) 74 francs, cours du 20 mars 1815.

(4) 65 francs, cours du 12 avril.

les événemens n'eussent ramené l'espérance de voir la Loi du 23 septembre reprendre son empire.

Le cours était, le 22 juin, remonté à 60 francs : le 5 juillet, il s'était élevé jusqu'à 69 francs. Depuis, il s'est maintenu au-dessus de 60 francs, et le Crédit semble n'attendre que la certitude du retour complet à l'exécution du plan de 1814, pour s'élever et s'affermir (1).

Relevé des Cours de la Rente.

(1) *N. B.* Je répète que le cours de la Rente était, le 24 pluviôse an 9, un mois avant la Loi du 30 ventôse an 9, à 68 francs. Depuis cette Loi, le cours ne fit que descendre ; le 17 thermidor an 9, quatre mois après, il était à 39^f 75^c. Il s'écoula six années avant de voir reparaître un cours de 68 francs ; le premier cours de 68 francs fut le 30 juillet 1806.

Ces faits incontestables prouvent combien, en l'an 9, il eût été facile de rétablir le Crédit, puisqu'il ne fallait que conserver ce que l'espérance avait déjà produit.

La Loi du 30 ventôse an 9 vint détruire toute confiance et ruiner tout Crédit, et il est démontré qu'au système alors adopté doit être attribué le long et constant discrédit qui s'ensuivit.

En 1814 au contraire, nous avons vu, le 29 mars, le cours de la Rente à 45 francs ; cinq mois après, le 30 août, il était déjà remonté à 78 fr., et avant une année, le 3 mars 1815, il s'était élevé à 82 fr.

Enfin, le 25 avril 1815, le cours était retombé à 55 francs, et le 5 juillet il était remonté à 69 francs.

Calcul du discrédit sur le Capital de la Dette publique.

Appliquons maintenant le calcul aux variations des cours de la Rente que je viens de rappeler.

Au 1.er avril 1814, les 63 millions de Rentes, au cours de 45 fr., ne représentaient plus qu'un Capital de............. 567,000,000^f

Au 3 mars 1815, au cours de 82 francs, ils représentaient un Capital de..........................1,033,000,000.

Dans ce court espace de temps, le Crédit avait recréé, au profit des Rentiers, un Capital de........... 466,000,000.

De pareils rapprochemens doivent suffire pour
éclairer les plus ignorans, pour convaincre les plus

Si l'exécution de ce plan eût continué, la Rente aurait été ramenée
au pair, et le bénéfice des Rentiers aurait été porté à 693 millions;
création gratuite à leur profit, qui loin de rien coûter à l'État et aux
Contribuables, les aurait soulagés et enrichis simultanément.

Au 25 avril 1815, le cours étant redescendu à 55 fr., les 63 millions
de Rentes ne représentaient plus qu'un Capital de... 693,000,000f

Au 20 mars, ils représentaient, au cours de 82 fr., 1,033,000,000.

Le discrédit avait donc, en trente-cinq jours, causé
aux Rentiers une perte de...................... 340,000,000.
sans qu'il en fût résulté aucune réduction dans la Dette de l'État à la
charge des Contribuables. Telles furent les oscillations que la valeur
de la Dette consolidée, cette partie si importante de la fortune des
citoyens, eut à subir dans un court espace de quinze mois.

Une Dette exigible de 600 à 700 millions, plus avilie encore que
les 5 pour o/o, avait également été, en 1814, ramenée au pair; il en
était résulté une augmentation de valeur de 300 millions au moins
pour les Créanciers de l'État.

Un accroissement de Capital de plus de 700 millions avait donc
été créé en quelques mois, et distribué gratuitement aux Rentiers et
aux Créanciers de l'État, sans dépense pour le Trésor, sans charge
et sans perte pour les Contribuables, et bien au contraire avec avantage pour tous, comme je le démontrerai plus loin *(pag. 249, 250,
251 et 259.)*

Pour créer, en 1814, cet accroissement de Capital de plus de 700
millions dans la richesse générale, en le créant dans les fortunes particulières des Rentiers et des Créanciers de l'État, il a suffi de *promettre*
et *de garantir le Paiement intégral* de la Dette exigible et de *le commencer*
par le Rachat, sur la place, des Obligations royales, seulement pour
une somme de 20,940,000 francs.

Jamais promesses furent-elles plus économiques, plus utiles et plus incrédules des effets salutaires de la Fidélité et du Crédit dans l'Administration des Finances , et de la supériorité de cette doctrine, sur celle de l'injustice, de la *Banqueroute* et de la Consolidation forcée de la Dette arriérée.

Afin de ne rien laisser à desirer sur les élémens et la démonstration de cette doctrine, posons-en les règles, et examinons les conséquences nécessaires de ses principes en opposition avec les conséquences également inévitables des principes opposés.

---

rapidement efficaces ! Jamais argent fut-il employé avec plus de profit et d'habileté, et plus légitimement !

N'est-ce pas un prodige d'avoir vu créer en quelques mois plus de 700 millions de Capital par la fidélité que le Trésor a mis à payer 21 millions de ses Dettes !

Tels furent les résultats aussi surprenans qu'incontestables que le Crédit produisit en 1814; ils furent détruits dans le second trimestre 1815 ; et il est à-la-fois nécessaire et facile de créer de nouveau ces résultats régénérateurs.

Lorsque l'on connaît ces principes, lorsque l'on fait attention à ces résultats, peut-on s'étonner que le Crédit ait toujours amené la satisfaction, l'aisance des particuliers et l'abondance du Trésor ; et que le discrédit n'ait jamais causé que ruine, misère, malheur.

Je vais exposer les effets de *la Banqueroute* appelée *Consolidation forcée*, et démontrer que ses résultats désastreux, non moins surprenans, non moins incontestables, sont de ruiner les Créanciers et les Rentiers de l'État que le Crédit enrichit; de détruire quand le Crédit crée; d'écraser les Contribuables que le Crédit soulage, et de grever l'État d'une Dette intolérable dont le Crédit le libère presque à l'instant

DE LA CONSOLIDATION FORCÉE

OU DE LA [illegible]

PAIEMENT EN RENTES DES CRÉANCES ARRIÉRÉES.

Il est pour un État plusieurs manières de faire *Ban-queroute*.

Avant la révolution, la *Banqueroute* frappait rarement sur les fournisseurs, mais fréquemment sur les Effets publics à terme ou à rente perpétuelle ; on ne connaissait que les degrés de *Banqueroute* ci-après :

Ajourner les créances exigibles ;

Réduire les contrats d'un dixième, du cinquième, du quart, de la moitié.... ;

Les annuller.

Chaque Contrôleur général des Finances se croyait et était estimé d'autant plus habile, selon qu'il faisait subir, *par un bon édit bien-injuste*, une plus forte réduction à la Dette de l'État. Le très-petit nombre de Contrôleurs généraux qui furent persuadés que *les Gouvernemens, bien plus véritablement que les particuliers, ne s'honorent et ne s'enrichissent qu'en payant leurs Dettes*, ignorèrent la seconde partie de la science du Crédit public ; ils ne connurent pas les sources intarissables où un État peut puiser éternellement pour subvenir à toutes ses dépenses, sans aggraver les impôts, en augmentant ses richesses, ses forces et celles de sa matière imposable : s'ils firent des Emprunts, ils furent mal combinés, destructifs et ruineux. Les embarras des Finances s'accrurent et contribuèrent à produire la révolution.

Banqueroutes révolutionnaires. La révolution, en confiant le gouvernement de l'État, d'abord à de grands talens inexpérimentés, et bientôt après aux hommes les plus inhabiles et les plus ignorans en administration, pris la plupart dans les derniers rangs de la société, nous ramenait à grands pas vers la barbarie et vers la dissolution de la Société ; nous entraînait rapidement dans cette course rétrograde, avec toute l'énergie des fureurs populaires, à travers la longue série d'erreurs, de fautes, de crimes que parcourent les gouvernemens et les sociétés, dans leur marché si lente vers les progrès de la civilisation perfectionnée.

Dans l'Administration des Finances plus que dans aucune autre partie de l'Administration, les Gouvernemens révolutionnaires adoptèrent pour règles toutes les absurdités et pour moyens d'exécution tous les crimes.

Ne rien payer, annuller les créances, n'eût été qu'un jeu pour des hommes dont la terreur et la mort étaient les seuls moyens d'administration : la mise en jugement et la condamnation des Créanciers de l'État devinrent leur réglement de compte, et l'échafaud leur paiement.

Origine des Consolidations Lorsque les fureurs révolutionnaires se calmèrent et tendirent à se régulariser, elles enfantèrent les annullations et les réductions de créances, lesquelles se déguisèrent, par pudeur, en Liquidations et Consolidations forcées d'Arriéré.

Voilà la noble origine du système consacré par la Loi du 30 ventôse an 9 , et constamment exécuté depuis.

Le seul point sur lequel les Gouvernans, les Ministres, les Conseillers d'état, les Tribuns, les Députés, les Sénateurs, les Écrivains, les Orateurs qui depuis la révolution se sont occupés de régir les Finances de la France, aient été d'un avis presque unanime ; c'est l'utilité, l'avantage, la nécessité de la Consolidation forcée de la Dette arriérée (1).

A toutes les époques d'embarras dans les Finances, nos Gouvernans, nos Administrateurs, sont venus présenter, nos Représentans se sont empressés d'appliquer cette prétendue panacée à toutes les plaies du Crédit et du Trésor, à tous les maux des Finances.

Les Contribuables ont reçu avec reconnaissance et comme un bienfait cette disposition chaque fois qu'elle a été renouvelée.

Les Orateurs et les Écrivains ont joint à ce concert de volontés et de satisfaction, le concert de leurs applaudissemens et de leurs prédictions sur le retour as-

forcées ou Paimens en Rentes.

La Consolidation forcée généralement admise.

---

(1) *Voir* les Discours et les Comptes de MM. *Gaudin*, *Defermon*, *Crétet*, *Lacuée* et de presque tous ceux qui, depuis l'an 8, ont parlé ou écrit sur les Finances, y compris une quarantaine d'écrits et de discours contre le Budget de 1814, dont le Catalogue est ci-après, *page 281.*

suré de l'aisance dans le Trésor, sur la renaissance du Crédit (1).

Les Créanciers seuls de l'État se sont plaints et ont gémi sur l'erreur et sur la satisfaction communes dont ils devenaient les victimes ; mais on a insulté à leur ruine ; on a attribué leurs plaintes à un sordide intérêt ; leur douleur est devenue un motif de plus de joie publique et d'éloge pour les habiles Administrateurs qui sacrifiaient ces sangsues au bien de l'État. On leur a inspiré par ces mépris et par ces injustices répétés le désir et le besoin de la vengeance ; à peine a-t-on fait attention aux faibles réclamations d'un très-petit nombre d'hommes désintéressés et éclairés, et à leurs tristes pronostics (2).

Les effets cependant n'ont pas répondu à l'attente générale, et ont paru justifier les plaintes des Créanciers de l'État et servir leur vengeance.

Chaque fois que la Consolidation forcée de la Dette arriérée a été proposée et exécutée, un discrédit rapide

---

(1) « Consolider une Dette flottante, c'est lui donner le plus beau caractère que le Créancier puisse desirer et obtenir. » *Réflexions sur le Budget de 1814*, par M. Ganilh, ex-Tribun, *page 11*. Plusieurs autres écrivains et orateurs répétèrent en 1814 cette erreur traduite par M. Ganilh, sous la forme d'un axiome. — *Voir* les brochures et opinions dont le Catalogue est ci-après, *page 281*.

(2) *Voir* les discours et les écrits publiés en l'an 8, l'an 9 et l'an 10, par MM. *Mollien, Bérenger, Ch. Bailleul, Jollivet et Villot-Fréville*, les seuls, à ma connaissance, qui aient alors écrit contre la Consolidation forcée des Arriérés.

et prolongé, une gêne extrême dans les Finances, en ont été le premier fruit et le plus évident résultat; je l'ai démontré en retraçant l'influence, sur le cours de la Rente, de ces Consolidations ordonnées en l'an 9, continuées et renouvelées plusieurs fois depuis, et récemment proposées de nouveau en juin 1815.

Néanmoins, lorsqu'en 1814 un nouveau Ministre des Finances tenta de s'écarter de cette route battue, on vit se soulever une masse d'oppositions qui faillit renverser son plan et le rejeter dans l'ornière profonde de la Consolidation forcée de la Dette arriérée; et il est vrai de dire que le plan de 1814 ne fut, par le plus grand nombre, admis qu'avec regret et par une espèce de condescendance et de confiance implicite.

Malgré l'heureuse expérience qui a été faite en 1814, il est plus que probable que les mêmes reproches se renouvelleront, que la Consolidation forcée sera demandée et opposée aux plans qui pourront être présentés.

La Consolidation forcée admise sans examen, sans discussion, chaque fois qu'elle a été proposée, n'a jamais été controversée. Jusqu'à présent, on n'en a parlé que suivant le préjugé populaire; ni ceux qui ont proposé cette mesure ou qui la regrettent, ni ceux qui l'ont ordonnée, appuyée, adoptée, exécutée, ne l'ont envisagée sous ses divers rapports, n'ont connu sa véritable nature, ni prévu ses effets inévitables (1).

J'ai retracé ces effets d'après l'expérience; il reste à en découvrir les principes, à en signaler les causes : je vais me livrer à ces recherches, à cette discussion, qui, après vingt-cinq ans de Consolidation forcée des Dettes arriérées, ont encore le mérite de la nouveauté.

Cette Consolidation forcée est vulgairement appelée *un Paiement en Inscriptions de Rentes ;*

Mais l'Inscription de Rentes *n'a pas d'échéance ;*

Mais l'Inscription *retient arbitrairement à l'Intérêt de*

Définition exacte de la Consolidation forcée.

---

(1) *Voir,* 1.º la discussion sur la Loi du 23 septembre 1814 ;

2.º Les brochures et opinions publiées en 1814 contre le Budget, dont le Catalogue est ci-après, *page 281 :* presque tous les orateurs et écrivains opposés au Budget demandèrent la Consolidation forcée ;

3.º La discussion de la Loi du 20 mars 1813 ordonnant le paiement en Rentes des Créances arriérées des années 1809, 1808, 1807, 1806, 14, 13, 12, 11 et 10 ;

4.º La Loi adoptée le 27 juin 1815, ordonnant le paiement en Rentes des Créances arriérées des années 1810, 1811, 1812, 1813 et du premier trimestre 1814.

Ces deux Lois furent rendues *nemine contradicente.* Voilà le dernier état de la discussion sur la question de la Consolidation forcée des Créances arriérées ;

5.º La Loi du 30 ventôse an 9, qui consolida, les Créances de l'an 8, à 5 pour o o ; et celles des années 7, 6 et 5, à 3 pour o/o. Il fut alors élevé des discussions sur ce dernier taux d'Intérêt : quelques Tribuns proposèrent de le porter à 5 pour o/o, en applaudissant à la mesure de la Consolidation forcée en elle-même ; il n'y eut d'opposition ouverte et éclairée contre cette mesure, que de la part de ceux que j'ai cités dans la note précédente, et qui furent à peine écoutés.

cinq pour cent, des Capitaux que le propriétaire re-demande ;

Mais l'Inscription *ne peut être réalisée en numéraire que* par négociation sur la place *avec perte*.

Ce prétendu mode de Paiement n'est donc,

Sous le premier rapport , qu'un *Ajournement indéfini*, un *Refus de Paiement* ;

Sous le second rapport , qu'un *emprunt forcé* ;

Sous le troisième rapport , qu'un *Impôt arbitraire et excessif.*

C'est ce qu'il me sera facile de prouver successivement.

Je démontrerai en même temps qu'envisagée sous l'un ou l'autre de ces rapports , la Consolidation forcée de l'Arriéré est aussi funeste à l'État et aux Contribuables qu'aux Rentiers et aux Créanciers de l'État, aussi contraire à l'équité qu'à la raison , aussi injuste qu'absurde.

Cette Consolidation forcée n'est pas un Paiement ; c'est le contraire , puisque le Créancier porteur d'un titre échu et exigible , est forcé de l'échanger contre un contrat sans échéance, et dont le remboursement ne deviendra jamais exigible.

La Consolidation forcée de l'Arriéré n'est pas un Paiement.

Cette conversion de la Dette exigible , transformée en Dette perpétuelle, est donc un Ajournement in-défini, un véritable Refus de Paiement.

Considérée comme un Ajournement indéfini, la Consolidation forcée est une violation manifeste du droit de propriété , une injustice.

Considérée comme Ajournement indéfini,

Tout Porteur de Créance sur l'État a le droit d'être payé aux échéances des sommes qui lui sont dues, soit pour traitemens, soit pour fournitures ; il n'a rempli les fonctions, il n'a exécuté les travaux qui lui étaient confiés, il n'a fourni ses marchandises que sous la condition d'un paiement effectif à des époques fixées ; il a pris des engagemens, il a des besoins calculés sur ces époques : lorsqu'elles sont arrivées, le Paiement ne peut être différé sans injustice. Plus l'échéance s'éloigne, plus l'obligation de payer acquiert de force, plus le besoin de recevoir devient urgent, plus le droit au paiement doit être sacré ; plus, par conséquent, l'injustice qui diffère ou refuse le paiement, augmente.

On objecte que la Créance est arriérée.

Cela veut dire seulement que les échéances convenues pour le Paiement sont passées : fonder un refus ou un retard sur ce motif, c'est se faire un droit de son impuissance ou de son infidélité ; c'est dire : J'ai manqué une première fois à mes engagemens envers vous ; donc vous ne pouvez plus rien exiger de moi ; je vous paierai quand et comme il me sera convenable.

Le raisonnement contraire n'est-il pas plus conséquent, et sur-tout plus équitable ! Vous êtes en retard dans les Paiemens que vous m'aviez promis ; donc j'ai droit à être payé le premier, et à obtenir des faveurs ou au moins des indemnités.

Un des principes fondamentaux du Crédit, quoiqu'un de ceux qui sont le plus constamment méconnus et violés, c'est que *les Créances arriérées doivent être payées les premières :* dans l'impossibilité de tout payer, *les Créances les plus anciennes doivent obtenir la préférence ;* si la nécessité force d'en différer le Paiement, et détermine à leur assigner de nouvelles échéances, *une Indemnité est due aux propriétaires et elle doit être portée au taux suffisant pour maintenir ces Créances au pair.*

Lors même que le taux nécessaire pour atteindre le pair serait de huit ou dix pour cent, l'accorder ce ne serait pas outrager la morale : bien au contraire, ce serait réconcilier enfin l'Administration des Finances avec la saine morale ; car *toute doctrine qui n'est pas d'accord avec la bonne foi, la fidélité, la justice, ne peut être qu'une erreur, même et sur-tout en Finances* (1).

Ces principes servaient de base au plan de Finances de 1814. Ils parurent nouveaux, étranges, parce que depuis l'an 9 jusqu'à 1814, ils avaient été constamment méconnus et outragés dans les Budgets. A peine rappelés dans l'Administration des Finances et mis à exécution pendant quelques mois, ils en ont été chassés violemment et avec dédain.

Un Ministre des Finances qui consolide l'Arriéré, retient par force des Capitaux qui ne lui avaient été prêtés que pour un court espace de temps ; il en fixe

Considérée comme un Emprunt forcé.

---

(1) *Voir* l'Opinion d'un Créancier de l'État, *pag. 58 à 74, De la Fixation des Intérêts.*

arbitrairement l'Intérêt à cinq pour cent ; il *ne fait que se procurer par la violation du droit de Propriété, des Capitaux qu'il ne sait pas attirer par la confiance ; il fait un Emprunt forcé* dans son origine et dans ses conditions. Dans ce système, le Créancier de l'État, soit pour salaires, soit pour fournitures, est, sans son consentement, par le pouvoir magique de la Loi, transformé en Rentier, en Prêteur.

Le Salarié de toute classe, Créancier de l'État, n'avait engagé ses services personnels que pour en recevoir comptant, ou après quelques mois de délai, le modique salaire indispensable pour sa subsistance et pour celle de sa famille.

Le Ministre des Finances le choisit pour son Prêteur : sans consulter ses besoins, il l'érige en capitaliste ; il décide que telle somme ne lui est pas nécessaire, qu'elle forme un superflu, un Capital dont il suffira qu'il touche les Intérêts à 5 p.r o/o. Il faudra que ce salarié renonce au paiement de quelques cents francs, formant son unique ressource, qu'il attendait avec impatience, avec anxiété, pour distribuer du pain et des vêtemens à sa femme et à ses enfans ; il faudra qu'il réduise leur appétit, leurs besoins au vingtième. C'est parmi ces nécessiteux qu'un tel système va chercher des Prêteurs ; c'est à eux qu'il s'adresse pour réaliser un Emprunt. Il tente de composer avec des Revenus destinés à la consommation journalière, *un Emprunt* qui *ne peut être rempli que par des Capitaux libres.*

La Consolidation forcée de la Dette arriérée est donc, à l'égard des Salariés créanciers de l'État, aussi contraire à la justice qu'à la raison.

Un Emprunt forcé fait à des Fournisseurs et à des Entrepreneurs paraît d'abord mieux combiné ; et il ne manque pas de raisonneurs superficiels qui proclament cette mesure comme une haute conception financière. Laissons de côté leurs raisonnemens pris à côté de la question, et examinons-la en elle-même.

Appliquée aux Fournisseu[rs] et Entrepreneu[rs].

La plupart des Entrepreneurs et des Fournisseurs ne sont pas propriétaires des Capitaux qu'ils font mouvoir, et qu'ils prêtent pour un court espace de temps, sous la forme de travaux, de denrées ou de marchandises ; ils en doivent une grande partie à leurs ouvriers, à des fabricans, à des cultivateurs, à leurs préposés, à leurs agens, à des capitalistes ; ils ont pris envers leurs créanciers des engagemens à échéances fixes, qu'ils ne peuvent remplir qu'autant que l'État, leur débiteur, sera exact à tenir les siens.

Lorsqu'il[s] ne sont pas Capitali[stes].

Au lieu de leur assurer le remboursement de leur Capital sur lequel ils comptaient, le Ministre des Finances les force à prêter éternellement ce Capital, et ne leur accorde que l'Intérêt arbitrairement fixé à 5 p.r o/o.

Quoi de plus injuste et de plus absurde qu'une Loi qui force un homme à prêter au Gouvernement des Capitaux qui ne lui appartiennent pas, à un Intérêt moindre que celui qu'il paie, tandis que d'autres Lois

le forcent à rembourser les mêmes Capitaux aux particuliers qui les lui ont prêtés !

En exerçant cette violence envers ses Créanciers,
le Ministre des Finances ne leur prête pas sa toute-puis-
sance pour contraindre leurs propres créanciers à subir
le même mode de libération. Le Gouvernement, la Loi,
reculent ainsi devant leur propre injustice ; ils frappent
sans ménagement sur les Créanciers directs de l'État,
mais ils n'osent étendre ouvertement leurs violences
sur les créanciers de leurs créanciers à l'infini.

S'arrêter dans les conséquences rigoureuses de ce
système, refuser de lui donner son complément, n'est-
ce pas en avouer tacitement l'injustice et l'absurdité, et
reconnaître les maux qu'il produit ?

Cependant telle est la force irrésistible de ce faux
système, qu'aucune restriction ne peut en atténuer les
résultats désastreux ; il faut qu'ils aient leur cours inévitable : *le Créancier de l'État qui n'est pas payé, ne paie
pas ses créanciers.*

Quand le système de Consolidation forcée frappe
un Salarié de l'État ; sa famille et quelques misérables
créanciers souffrent avec lui.

*Quand ce système immole un Fournisseur ou un Entre-
preneur; une multitude innombrable d'ouvriers, de cultivateurs, de négocians, de capitalistes, sont enveloppés dans
sa ruine.*

Quels torts le Gouvernement a-t-il à reprocher à
ces citoyens utiles et estimables, autres que celui de

(245)

s'être empressés de concourir à son service par l'attrait d'un bénéfice modéré et légitime ! Les conséquences du système de Consolidation forcée ne sont-elles pas souverainement injustes à leur égard !

Lorsque le Fournisseur ou l'Entrepreneur est propriétaire de tous les Capitaux qu'il avance au Gouvernement, ce qui est fort rare, la Consolidation forcée de sa Créance conserve les inconvéniens ci-après.

Par la Consolidation forcée, le Gouvernement condamne à l'inertie et frappe de stérilité les Capitaux qui étaient consacrés à son service (plus loin nous verrons qu'*il les détruit*); il en paie l'Intérêt, mais cet Intérêt ne peut être employé ni suffire aux besoins auxquels le Capital était affecté. *Transformer en Rentiers les Fournisseurs,* c'est leur enlever tout moyen de servir le Gouvernement; c'est les congédier, en même temps que leur sort doit empêcher tout Capitaliste de venir les remplacer. *C'est* donc *désorganiser volontairement l'Administration.*

Un Emprunt forcé peut être nécessité par les circonstances, être un signe de détresse sans devenir une cause de discrédit; il peut quelquefois avoir un résultat favorable au Crédit, s'il est combiné avec habileté et séparé de l'ancienne Dette, et s'il a une forme distincte et nouvelle.

Tout Emprunt forcé fait par addition à un Emprunt antérieur et sous la forme des Effets de cet emprunt, a l'inconvénient inévitable d'avilir le cours de l'ancienne

Dette à laquelle on l'ajoute, et d'augmenter le discrédit général : car on peut bien contraindre les Salariés de l'État et les Fournisseurs à devenir Rentiers de l'État ; mais *on ne peut forcer ni ces nouveaux Rentiers ni les anciens à conserver leurs Rentes,* si leurs besoins leur commandent ou si leur inquiétude leur conseille de les réaliser à tout prix : car *personne ne veut devenir Créancier ou Rentier de l'État ;* chacun, au contraire, veut sortir de cette classe : personne ne veut acheter des Rentes ; chacun s'empresse de vendre les siennes, *quand on les prodigue et qu'on les multiplie arbitrairement et sans mesure.* Ces causes, réagissant l'une sur l'autre, augmentent sans cesse le discrédit.

La Consolidation forcée est un Emprunt forcé fait par addition aux 5 p.ᵣ o/o consolidés ; elle doit nécessairement occasionner et elle a toujours causé le discrédit des 5 p.ᵣ o/o consolidés. Il est arrivé qu'au moment même où le Gouvernement donnait des Inscriptions en paiement à ses Créanciers, où il émettait ses propres Effets ; c'est-à-dire, au moment où la justice et l'intérêt du service public auraient voulu que l'Inscription eût la plus grande valeur possible, on en diminuait le prix ; on atténuait, sans alléger la charge de l'État, le produit de l'Effet public remis en paiement : résultat opposé à celui que demandait le succès même de l'opération, et par conséquent résultat de la plus haute absurdité, en même temps qu'il est aussi injuste envers les anciens qu'envers les nouveaux Rentiers de l'État.

Faire un Emprunt forcé aux Créanciers de l'État, faire cet Emprunt au moyen d'une Consolidation obligée des Créances arriérées ; c'est choisir, de toutes les formes d'Emprunt, celle qui a le plus d'inconvéniens et les plus graves en produisant le moins de résultats utiles.

On vante cependant l'habileté, l'économie, la moralité de cette mesure, qui procure, dit-on, au Gouvernement un Emprunt à l'Intérêt légal de 5 pour o/o, et le soustrait aux calculs de l'agiotage qui eût exigé un Intérêt usuraire de 7 ou 8 pour o/o.

La Consolidation forcée n'est pas un Emprunt à 5 pour o/o.

Je nie que l'Emprunt forcé fait par la Consolidation soit fait à 5 pour o/o : *de quelque manière qu'un Gouvernement s'y prenne, il lui est impossible d'emprunter au-dessous du cours de la place ; tous les efforts qu'il fait pour se soustraire à ce cours et pour le maîtriser par la force, ont un résultat directement contraire* (1).

Je vais prouver que le résultat de la Consolidation forcée est de doubler la perte qu'indique le cours, en la faisant supporter par les Créanciers d'abord et ensuite par l'État.

Un Emprunt est nécessairement libre.

L'Emprunt forcé frappé par le Gouvernement sur les Créanciers de l'État n'est pas en définitif fourni par eux : on peut bien contraindre les Créanciers de l'État à devenir momentanément ses Prêteurs ; mais il est de principe *qu'un Emprunt ne peut être rempli que par des*

---

(1) Ce principe est démontré jusqu'à l'évidence par l'Emprunt à cent pour cent fait au moyen de la Vente des Rentes de la Caisse d'Amortissement, développé plus haut, *pages 212 à 225.*

Capitaux libres et ne peut être fourni que par un *Prêteur volontaire, réglant à son gré les conditions du prêt qu'il consent à faire.* La puissance irrésistible de ce principe fait que l'Effet qui représente un Emprunt forcé, sort à tout prix des mains de celui qui l'a reçu malgré lui, et qui n'a ni les moyens ni la volonté de le garder.

Cet Effet court de mains en mains jusqu'à ce qu'il ait rencontré des Capitaux disponibles qui l'absorbent et un Prêteur volontaire qui consente à le garder aux conditions qu'il lui plaît de régler (1).

C'est précisément ce qui arrive lors d'une Consolidation forcée d'Arriéré.

Le Créancier de l'État s'empresse de négocier sur la place, au cours de 60 francs, je suppose, la Rente qu'il a été forcé de recevoir.

L'Acheteur, qui devient le véritable Prêteur, obtient 5 pour o/o d'Intérêts pour 60 francs de Capital. Il prête à plus de 8 pour o/o; il a en outre l'éventualité d'une prime de 40 francs sur 60 francs, ou de 60 pour o/o.

Supposons que la Rente remonte à 80 francs en deux années, ou au pair en quatre années, le prêt aura été fait à 23 pour o/o par an.

Si la Rente atteint ce cours en deux ans, le prêt aura été fait à 38 pour o/o par an.

---

(1) Ces principes incontestables auraient dû faire rayer du dictionnaire de la Finance cet assemblage bizarre de ces deux mots *Emprunt forcé*, qui impliquent contradiction, et ne sont qu'une jonglerie pour dissimuler un impôt définitif ou momentané.

Enfin, si, ce qui n'est pas impossible, le cours se rétablissait au pair en un an, le prêt aurait été fait pour le Prêteur à 68 pour o/o pour un an.

Quant à l'Emprunteur, il a obtenu 60 francs pour 100 francs ; il a emprunté à 40 p. o/o de perte.

Tel est un des résultats de cet Emprunt prétendu fait à l'Intérêt légal de 5 pour o/o ; de cette habile combinaison pour échapper à l'usure, pour détruire l'agiotage ; de cette économique opération, plus légale que l'émission d'Obligations à 8 pour o/o négociables au pair.

Il est vrai que le Gouvernement semble avoir échappé à toute perte, et l'avoir rejetée en entier sur son Créancier.

Ose-t-on bien présenter comme morale, comme légale, la violation de la propriété, l'abus de la force, le vol en un mot ! car cette habileté, cette morale, ressemblent à celles de ce voleur conscientieux qui vendait sur le grand chemin une paire de pistolets chargés, mille guinées.

Un Ministre des Finances peut bien forcer les Créanciers de l'État, le pistolet sur la gorge, à prendre pour 100 francs une Rente de 5 francs : mais il sait qu'elle ne vaut pas ce prix ; bien plus, il empêche qu'elle ne vaille le prix pour lequel il force à la recevoir. Le Ministre des Finances qui ordonne la Consolidation forcée, aurait plus d'habileté que le modèle que je viens de citer, s'il agissait sciemment : cependant il

Le Créancier de l'État subit cet énorme Intérêt, une première fois.

Cet énorme Intérêt est supporté, une seconde fois, par les Contribuables.

faut convenir, à l'honneur des partisans de la Consolidation forcée, qu'ils ne savent ni ce qu'ils disent ni ce qu'ils font ; leur propre supercherie leur fait illusion ; ils sont dupes de leur jonglerie ; ils ne veulent voir dans la Consolidation forcée qu'un Emprunt au pair, qu'un Paiement intégral, parce qu'ils forcent leurs Créanciers à admettre les Rentes au pair : mais, dans ce cas même, l'Emprunt coûte au Gouvernement beaucoup plus de 5 pour o/o.

Je montrerai plus loin *(pages 263 et 264)* que la Consolidation forcée a coûté, devait et devra coûter au Gouvernement et aux Contribuables 40 à 60 pour o/o de prime, et un Intérêt de 8 à 10 pour o/o, après avoir coûté le même prix aux Créanciers de l'État.

La Consolidation forcée sous l'apparence d'un Emprunt à 5 pour o/o, coûte réellement de 40 à 60 pour o/o ; elle fait supporter cette perte, une première fois par le Créancier et une seconde fois par l'État, en sorte que la Consolidation forcée n'est pas seulement le plus injuste, le plus absurde, mais est encore le plus coûteux des Emprunts forcés.

Si les raisonnemens les plus conséquens, si les calculs les plus rigoureux ne portaient chacune de mes démonstrations jusqu'à l'évidence, pourrait-on croire qu'il existât un système de Finances qui joignît autant d'injustice à autant d'absurdité !

Consolider forcément des Créances arriérées lorsque la Rente se négocie à 55 p.ʳ o/o, comme en juin 1815,

ou à 40 p.ʳ o/o, comme en thermidor an 9, c'est im- de l'Arriéré,
poser aux Créanciers de la Dette exigible un sacrifice considérée
de 45 ou de 60 p.ʳ o/o du montant de leurs créances; comme
puisqu'ils ne pourront rentrer dans les fonds que l'Em- un Impôt:
prunt forcé leur retient ou leur enlève, qu'en éprouvant
cette perte.

L'Emprunt forcé fait sous la forme de Consolidation de l'Arriéré, est donc un véritable Impôt.

Cet Impôt frappe directement sur le Créancier de la Dette exigible, et par contre-coup, sur le Rentier créancier de la Dette perpétuelle.

La mesure de cet Impôt, pour les Créanciers de la Sur
Dette exigible, est dans la perte qu'éprouve sur la place le Créancier
l'Effet représentatif de l'Emprunt qui leur est remis en de l'État;
paiement.

Dans les Consolidations qui ont eu lieu, cette perte s'est élevée jusqu'à 60 p.ʳ o/o de leurs Capitaux.

Lors de la proposition faite en juin 1815, elle s'élevait à 45 p.ʳ o/o, et aurait été plus haut.

Pour le Rentier créancier de la Dette perpétuelle, Sur le Rentier.
la mesure de cet Impôt est dans l'accroissement du dis-
crédit qui en résulte; car tout Emprunt forcé sur une classe de Créanciers de l'État étant une injustice et une preuve d'infidélité, devient par cela même une cause d'accroissement de discrédit.

Le Rentier qui, avant l'Emprunt forcé, pouvait né-gocier son Inscription 80 p.ʳ o/o, et qui à cause de cet

Emprunt ne peut plus en obtenir que 60, a éprouvé une perte du quart ou de 25 p. o/o de son Capital.

Ce sacrifice lui a été imposé par une Loi, au nom de l'État; il a donc supporté un Impôt du quart de son Capital.

C'est un Impôt injuste et arbitraire dans sa répartition.

Si, comme cela est incontestable, *les meilleures règles en matière d'Impôts commandent de les asseoir sur les Revenus et non sur les Capitaux des Contribuables*, et *de les répartir avec une égalité proportionnelle,* comment qualifier une combinaison d'Impôt telle, qu'il pèse en entier sur deux classes d'individus, qu'il détruit leurs Capitaux dans une proportion énorme et inconnue; et qui peut surpasser le montant de la fortune entière des Contribuables; enfin un impôt dont chacun est d'autant plus fortement atteint, qu'il a eu plus de confiance dans le Gouvernement, plus de fidélité et de dévouement à le servir?

Il n'y a, certes, aucune justice à ruiner les Créanciers de l'État par un Impôt excessif, pour épargner à la foule des Contribuables un Impôt insensible, également réparti sur tous.

Il n'y a pas un habile discernement à choisir pour Contribuables exclusifs les hommes dévoués au service public; et pour matière d'un Impôt destructif, les Capitaux instrumens nécessaires de ce service.

Lorsque l'on considère la Consolidation forcée comme un Impôt, le choix de ses Contribuables n'est donc pas plus habile que le choix de ses Prêteurs quand on la considère comme un Emprunt.

Un principe fondamental en matière d'Impôts, c'est qu'*on doit sur-tout préférer ceux qui coûtent le moins aux Contribuables, et produisent le plus au Trésor.*

La Consolidation forcée, en enlevant aux Créanciers de l'Etat la moitié de leurs Capitaux, ne fait verser aucune somme au Trésor.

L'Etat livre à ses Créanciers un Effet pour lequel il devra éternellement au porteur, quel qu'il soit, 100 fr., et ne lui paiera jamais que 5 p. o/o d'intérêts.

En se grevant d'une dette de 100 fr., l'Etat ne donne réellement que 40 ou 60 fr. Il fait perdre à son malheureux Créancier 40 ou 60 fr.; il lui impose une Contribution exorbitante sans résultat pour le Trésor.

Ce sacrifice énorme est exigé au nom de l'Etat, et il est perdu sans profit pour la chose publique.

Quel Impôt pourrait-on inventer, et plus injuste, et plus destructif, et plus absurde, que la Consolidation forcée de la Dette arriérée?

J'entends les apôtres et les défenseurs du système des Consolidations forcées et ses nombreux partisans, se dire entre eux, en haussant les épaules, d'impatience et de pitié: « Que signifie tout cet étalage de défini-tions entées les unes sur les autres, tous ces raisonne-mens alambiqués! Nous n'avons jamais prétendu que la Consolidation forcée de l'Arriéré fût *ni un Refus de Paiement, ni un Emprunt, ni un Impôt;* nous n'admet-

Cet Impôt
destructif pour
les
Contribuables,
est sans profit
pour l'Etat.

La
Consolidation
forcée
de l'Arriéré,
considérée
comme
un Paiement.

tons aucune de ces définitions quintessenciées ; nous avons tout simplement dit avec tout le monde, que c'était un *Paiement en Rentes :* nous sommes prêts à le soutenir et à le prouver. »

Je sais, et je l'ai déjà dit, que vous n'avez jamais connu la nature et les effets de la Consolidation forcée ; mais je vous accorde sans discussion que c'est un Paiement, et il ne me sera que plus facile de prouver que, sous ce rapport sur-tout, cette opération est le comble de l'injustice et de l'absurdité.

Le vulgaire ne regarde un Paiement comme réel que jusqu'à concurrence de la somme de numéraire que les promesses, les engagemens, les Obligations, les Effets de toute espèce, soit publics, soit particuliers, produisent en définitif.

Les Effets ne sont que des titres intermédiaires qui, en représentant successivement une Créance, constatent les droits du propriétaire, et doivent les conserver dans leur intégrité.

Le Paiement n'est définitif et consommé que par la réalisation en numéraire effectif du montant du titre et de la créance originaire.

Le Paiement en Inscriptions de Rentes n'est donc réel et définitif que jusqu'à concurrence du numéraire que cet Effet public devra produire.

Si tels sont les principes que les plus simples notions du bon sens le plus ordinaire suffisent pour découvrir, comment appellerons-nous une opération

dont le dernier résultat est, de ne procurer au Créancier de l'État que la moitié (par exemple) en numéraire du montant de sa Créance, de ne lui payer par
conséquent qu'une partie de ce qui lui est dû, et de
lui faire perdre le surplus !

Lorsqu'un particulier ne paie qu'une partie de ses
dettes, le vulgaire malhonnête, qui appelle les choses
par leur nom, flétrit cette opération financière du
nom de BANQUEROUTE ; c'est aussi du même nom
que toute opération faite par le Gouvernement, et
qui a le même résultat pour ses Créanciers, doit être
appelée.

*Considérée comme un Paiement, la Consolidation
forcée n'est effectivement qu'une BANQUEROUTE.*

On n'a pas eu honte, même depuis qu'un certain
ordre a été rétabli dans les Finances, de proposer
ouvertement la *banqueroute*, sinon comme une mesure absolument juste, au moins comme une mesure
salutaire qu'autorisait la nécessité des circonstances,
et que le bien de l'État justifiait.

Si cette erreur a été rarement professée avec franchise, on peut dire avec vérité qu'elle a été le principe
caché du système de Finances adopté de tout temps
en France, et notamment du plan de Consolidation
forcée suivi depuis l'an 9, puisque la *Consolidation
forcée* que je viens de démasquer se trouve n'être
qu'une *banqueroute déguisée.*

Dans le système de la *banqueroute*, les injustices,

les absurdités, se croisent et se compliquent, les malheurs particuliers se multiplient, et les maux publics s'aggravent à l'infini.

En recherchant la véritable nature de la Consolidation forcée, en l'envisageant sous ses divers rapports, j'ai indiqué quelques-uns des funestes résultats de la *banqueroute*; il faudrait plusieurs volumes pour les exposer tous, et pour en développer les déplorables et innombrables conséquences. Je n'indiquerai que les principales appliquées à la Consolidation forcée.

Lorsqu'un particulier ne paie pas ses créanciers, il gagne incontestablement tout ce qu'il leur enlève; il est voleur, mais il est adroit : il recueille le fruit de son larcin, et il se console du déshonneur par le profit.

Lorsque l'État fait *banqueroute*, a-t-il cette honteuse consolation ! détruit-il sa Dette ! s'enrichit-il ! et aux dépens de qui !

Le caprice et la mauvaise foi peuvent bien prononcer la réduction ou l'annullation des Créances sur l'État; la violence et la force exécutent cette inique sentence : mais cette *banqueroute* ne peut détruire les droits du Créancier dans l'opinion générale, encore moins dans son opinion; elle ne peut lui enlever ni le désir ni le besoin de recouvrer ses créances; elle excite et légitime tous les moyens qu'il prendra pour échapper à ses pertes ou pour en obtenir le dédommagement.

Le Créancier n'a pas concouru à l'annullation de sa

créance, n'y a pas même donné cette espèce d'assentiment que le particulier en faillite obtient par un concordat, et qui opère sa décharge aux yeux de la Loi et à l'égard de tous, sa conscience exceptée.

Chacun, malgré l'assentiment public qu'obtient la proposition de la *banqueroute*, reste, par l'instinct du simple bon sens, et le Créancier sur-tout, implicitement convaincu de ces principes d'équité et d'économie politique, qu'*un Gouvernement n'a pas plus qu'un particulier le droit de refuser le paiement de ses Dettes ; qu'il a d'autant moins ce droit qu'il a toujours les moyens d'acquitter ses Dettes*, et que *l'impossibilité de payer ne peut jamais lui servir d'excuse*.

Le Créancier, fort de ses droits que consacre l'opinion, ne perd pas l'espoir de recouvrer sa créance ; il ne néglige aucune occasion de l'opposer en compensation, de s'en prévaloir pour retarder ou refuser le paiement des sommes qu'il peut devoir au Gouvernement : sans cesse aussi, on repousse impitoyablement ses efforts.

Cette injustice constante et ces refus répétés ne le découragent pas, mais l'aigrissent ; ils le conduisent insensiblement à projeter, à pratiquer contre son débiteur plus puissant et de mauvaise foi, toutes les ruses de la faiblesse irritée, de la misère aux abois, et, bientôt après, toutes les fraudes qui peuvent être à sa portée et que le besoin de remboursement d'une créance légitime excuse à ses yeux.

S'il rentre dans les affaires du Gouvernement, c'est avec l'intention formelle d'y chercher par tous les moyens praticables, par les manœuvres les plus con-damnables, le dédommagement le plus ample des pertes que les *banqueroutes* lui ont fait subir.

S'il réussit, on applaudit à son adresse, et le Créan-cier s'enorgueillit de son habileté.

La Dette de l'État frappée par la *banqueroute* n'est donc pas détruite ; cette Dette subsiste toujours pour l'Administration qui en refuse le paiement ; elle lui crée des obstacles et entrave sa marche.

Par un retour inévitable, la *banqueroute* pervertit le Créancier de l'État, le porte à la fraude et l'y au-torise ; elle n'est pas moins contraire à l'intérêt du Gou-vernement qu'à la morale publique.

Cette Dette que l'Administration ne veut pas payer, n'est pas la sienne, mais celle des Contribuables. Le Trésor n'en avait pas les fonds en caisse : simple inter-médiaire placé entre les Créanciers de l'État auxquels il était dû, et les Contribuables qui leur devaient, il aurait recueilli d'une main ce qu'il aurait payé de l'autre. La position du Gouvernement et du Trésor, ainsi con-sidérée abstractivement, reste la même avant comme après la *banqueroute*.

Les Contribuables représentés par le Gouvernement ne sont donc pas déchargés de la Dette, qui continue de peser sur l'Administration.

La *banqueroute* leur fait éprouver d'autres dommages.

Le refus de payer la Dette a détruit à l'instant les Capitaux des Créanciers de l'État : ces créanciers font partie des Capitalistes, des Contribuables de l'État ; leurs richesses faisaient partie de la richesse générale, de la Matière imposable.

Elle affaiblit la Matière imposable.

La Matière imposable a donc été appauvrie du Capital des créances détruites par la *banqueroute* ; si la charge a diminué, la force qui devait la supporter, a diminué et bien davantage.

La Matière imposable est la seule source dans laquelle *un Gouvernement* sans Crédit puise ses ressources : il peut y prendre sans graves inconvéniens, tant qu'il ne prend que sur les revenus ; mais il *doit bien se garder de jamais entamer les Capitaux, instrumens de reproduction.* Ce sont des Capitaux qu'il détruit par la *banqueroute* (1).

Ces dernières considérations tirées des mystères les moins connus de l'économie politique, appliquées à

______

(1) J'ai dit dans mon *Opinion* de 1814, page 60, à la Note : *Il ne faut jamais faire de Banqueroutes qui détruisent les Capitaux.* M. Souques, Membre de la Chambre des Députés, qui m'a fait l'honneur de dénoncer mon opinion à la Chambre le 2 septembre 1814, comme une *indiscrète et maladroite défense* du Budget, s'est écrié, en rapportant cette citation et une autre relative au Rachat : *édifier le vice en système, l'ériger en code ; voilà le dernier degré du mal moral !* J'avoue que je ne puis concevoir l'immoralité du principe qui défend de faire des Banqueroutes ; j'en attends la démonstration qu'il a dédaigné de nous donner.

l'Administration des Finances, auraient exigé quelques développemens préliminaires : mais, telles que je viens de les présenter, elles suffisent pour indiquer qu'*un Gouvernement qui fait* banqueroute, *ne procure à ses Contribuables qu'un soulagement apparent et une surcharge réelle ; qu'il appauvrit sa Matière imposable et l'affaiblit.*

Passons à des considérations non plus fortes, mais plus faciles à démontrer et à saisir, parce qu'elles se rapprochent davantage des idées généralement reçues, des habitudes journalières et des calculs les plus simples.

La olidation ée rend difficiles s coûteux ouveaux raités.

J'ai montré la Consolidation forcée violant le droit de propriété des Rentiers et des Créanciers de l'État, aggravant la misère des Salariés de l'État, consommant la ruine des Fournisseurs et Entrepreneurs, et les pervertissant ; j'ai indiqué plusieurs de ses effets désastreux sur l'intérêt public : achevons de montrer à ses aveugles partisans, qu'elle a pour l'État, pour les Contribuables, pour la morale publique, d'autres résultats très-funestes qu'ils ne soupçonnent pas.

J'ai fait voir que *la Consolidation forcée prive l'État des Capitaux et des hommes consacrés à son service ; qu'elle lui enlève ses agens et ses instrumens.*

ut trouver nouveaux nisseurs.

Les Capitaux, frappés par la Consolidation, ne sont pas seulement retenus ; ils sont détruits. Les Fournisseurs ne ont pas seulement découragés, appauvris ; ils sont ruinés. Cela serait au mieux, s'il n'y avait plus ni travaux à faire, ni troupes à payer, à nourrir, à vêtir, à armer ; si toutes les parties de l'administration devaient cesser : mais elle ne peut être interrompue un seul jour. Il faut donc chercher ailleurs et d'autres Fournisseurs et d'autres Capitaux.

On semble n'avoir pas prévu qu'il faudrait pourvoir au remplacement de ces Fournisseurs si inhumainement traités. Fût-ce un mal, c'est un mal nécessaire ; il faut des Fournisseurs à une Administration.

Je veux qu'ils aient mérité la réduction qu'on leur a fait subir ; que leurs prix fussent exagérés, et leur conduite peu délicate : il n'en est pas moins vrai que l'État a manqué à ses engagemens envers eux ; qu'il a réduit leurs créances, non pas en rectifiant leurs comptes, mais arbitrairement ; que le fournisseur exact, que le créancier salarié, que l'on ne peut soupçonner d'aucune fraude, a été atteint autant et plus que le fournisseur malhonnête. *Le sort de ces Créanciers ne peut que* décourager ceux qui seraient tentés de les remplacer, que *rendre ce remplacement et plus difficile et plus coûteux.*

Quels hommes assez imprudens viendront confier une fortune acquise à un Gouvernement infidèle ! Qui voudra entrer avec son argent dans cette caverne, d'où personne n'est sorti que dévalisé !

Ce remplacement cependant ne sera pas impossible.

La cupidité a tout tarifé ; elle a calculé jusqu'aux

Les Fournisseurs riches et honnêtes s'éloignent.

dangers de l'arbitraire et de *la banqueroute :* elle en a fixé le prix.

A défaut de Capitalistes puissans et probes, il se présentera des hommes tarés, plus riches en adresse qu'en capitaux, et qui compenseront par leur savoir-faire ce qui manque à leurs moyens pécuniaires.

Qu'ont-ils besoin d'ailleurs de Capitaux ? Ils sauront bien attirer à eux ceux du Gouvernement pour faire son service.

Débarrassés de la concurrence des honnêtes gens qui se contentent de bénéfices modérés, mais qui exigent de la sécurité, *les fripons* les plus adroits et les plus hardis *offrent seuls leurs services aux Administrations qui font habitude de la* banqueroute.

L'Administrateur qui s'est mis à leur discrétion, est forcé d'accepter ces services ; ils y mettent un prix exorbitant ; ils exigent des avances ; ils n'exécutent qu'infidèlement leurs engagemens, ou les abandonnent suivant leur intérêt : ils sèment la corruption dans tous les rangs de l'Administration ; ils trompent l'agent intègre qu'ils n'ont pu séduire. Par-tout à leur suite ils introduisent le désordre, à la faveur duquel ils se font payer ce qu'ils ont mal fourni et ce qu'ils n'ont pas fourni.

Les embarras, les désordres que causent de pareils Fournisseurs ; les infidélités qu'ils commettent et font commettre, sont incalculables. Le Renchérissement de prix qui résulte de leur intervention dans les affaires du Gouvernement, varie et se cache sous toutes les formes de supercherie, de séduction et de fraude. Il est impossible d'apprécier les destructions du brigandage, et je les néglige dans mes calculs.

Il est inévitable que le nouveau traitant s'assure la garantie de rentrer dans ses fonds et dans ses bénéfices, déduction faite de la perte qu'éprouve l'Effet public qu'il appréhende d'être contraint de recevoir en paiement : le Renchérissement de prix que stipulera le nouveau Fournisseur, lors même qu'il serait honnête, ne pourrait être moindre que le dommage causé aux anciens Créanciers de l'État par les *banqueroutes* précédentes.

Une Consolidation forcée, exécutée lorsque la Rente était à 60 fr., a causé aux Créanciers une perte de 40 p.' o/o ; elle ne peut occasionner dans le prix des nouveaux traités, un Renchérissement de moins de 40 p.' o/o. Ce Renchérissement doit monter beaucoup plus haut, parce que, tandis que la probité exagère ses inquiétudes et se retire, la cupidité, ayant le champ libre, exagère ses prétentions.

On peut donc affirmer, sans crainte de se tromper, que *la Consolidation forcée cause dans les dépenses de l'État un Renchérissement de 50 à 60 p.' o/o.*

Il reste démontré qu'un des résultats de la Consolidation forcée, est qu'à l'avenir l'Administration ne pourra plus obtenir, qu'en donnant 150 fr., ce qu'elle payait 100 fr., et ce que les particuliers continuent de payer 100 fr.

Appréciatio du Renchéris ment de pri

Effets du Renchéri ment.

Le Gouvernement paie 150 fr. au lieu de 100 fr., parce qu'en violant ses engagemens, il n'a voulu payer que 60 fr. au premier Créancier auquel il devait 100 fr.

Dans ce système, 600 millions levés sur les Contribuables, ne produisent pas l'effet qu'auraient produit 400 millions dans un système de fidélité et de crédit.

Parce qu'une Administration, méconnaissant l'intérêt bien entendu de l'État, violant ses devoirs envers ses Créanciers, dédaignant l'honneur qui s'attache à la fidélité, ignorant également les effets du discrédit et ceux du crédit, aura refusé d'acquitter une Dette une fois payée, de 3 , 4 ou 600 millions; ou encore, parce que l'Administration aura voulu payer cette Dette dans une forme, avec des valeurs qui ne conviennent pas aux Créanciers de l'État; parce qu'elle leur aura arbitrairement assigné 5 p.^r o/o d'intérêt de leurs créances, les Contribuables seront condamnés à payer annuellement 2 ou 300 millions en pure perte, pour que le Gouvernement soit plus mal servi.

L'État, en dernier résultat, se sera donc assuré par la banqueroute, l'avantage de payer deux, trois, quatre, cinq, dix fois, sans jamais se libérer, la Dette qu'il a refusé d'acquitter intégralement et de bonne foi une seule fois.

Appellera-t-on la *banqueroute* et la Consolidation forcée, un système d'économie bien entendu et bien honorable? N'ai-je pas démontré qu'il est aussi contraire à la morale qu'à l'intérêt public; qu'il multiplie les embarras de l'Administration, et que ses résultats les plus désastreux tombent sur l'État, c'est-à-dire, sur les Contribuables !

Je défie le partisan le plus aveugle, l'exécuteur le plus endurci des hautes injustices de la Consolidation forcée, fût-il le raisonneur le plus subtil, d'échapper à ces conséquences rigoureuses ; il faut qu'il convienne avec moi que son système fait payer un peu cher à un État l'honneur de faire *banqueroute.*

C'est bien ici le lieu de remarquer de nouveau que ce système semble réunir tout ce que la légèreté, l'imprévoyance et l'injustice ont pu jamais inventer de plus destructif et de plus désastreusement absurde.

Que l'on ne se flatte pas d'échapper au Renchéris-sement des prix, à l'augmentation des dépenses, à tous les embarras, à toutes les difficultés *d'une première ban-queroute, par une nouvelle banqueroute ;* elle a été prévue par le nouveau contractant, et il a su s'en garantir.

Il a stipulé des paiemens d'avances ; il a enflé ses états de fournitures effectuées ; il a su se rendre débi-teur en paraissant créancier, et emprunter au Trésor et au public les fonds avec lesquels il fait son service. Au moindre prétexte, ou sans prétexte, suivant les calculs de son intérêt, sa seule règle, il crie à la violation de son traité, il abandonne son service, en faisant des réclamations monstrueuses ; et lorsque ses comptes ont été péniblement éclaircis, liquidés et réglés avec justice, on reconnaît, mais trop tard, que ce prétendu créancier est débiteur de sommes considérables envers le Trésor et les particuliers trop confians qui lui ont prêté leurs capitaux, ou qui ont été ses agens ou ses sous-traitans. Il a rendu au Trésor *banqueroute pour banqueroute ;* il a vengé les Créanciers injustement dépouillés. Seul, il a recueilli les fruits de ce système de fraude et d'immoralité ; il s'est enrichi des dépouilles du fisc ; il s'est nourri des sueurs des Contribuables ; il s'est engraissé des larmes de ses débiteurs. Il a su placer son odieuse fortune et sa personne à l'abri de toute atteinte ; il se moque des Lois, il défie les Tribunaux, et il brave le mépris et la haine publics. Par son luxe effréné, il insulte à la misère de ses dupes ; à force d'impudence et de succès, il a conquis cette espèce de considération que la sottise accorde au crime audacieux et triomphant. Il est devenu un scandale public, et il s'en fait gloire (1) !

Loin donc *de diminuer le nombre des Fournisseurs infidèles, de les punir ; la* banqueroute *les multiplie, les favorise, les enrichit.*

La *Banqueroute* aggrave les embarras de l'Administrat.^{on} et les maux publics.

Ce système d'infidélité une fois introduit, les désordres, les brigandages, et avec eux les embarras et

____

(1) Le mal n'a pas été porté à ce point dans l'administration française. Il y restait plusieurs Fournisseurs honnêtes ; mais ceux-là même avaient augmenté leurs prix, et néanmoins les pertes qu'ils éprouvaient les ruinaient tour à tour, et n'en auraient laissé subsister aucun.

les difficultés, les malheurs publics et particuliers, ne peuvent que s'accroître en proportion des nouvelles infidélités dans lesquelles l'Administration est irrésistiblement entraînée.

Les résultats sont d'accord avec la morale, pour flétrir et proscrire cette doctrine perverse, qui voudrait faire de l'injustice le remède de l'injustice.

La *banqueroute* publique ne respecte ni règle, ni vertu, ni morale ; elle ne laisse subsister aucune honnête industrie ; elle attaque, elle pervertit la probité, elle introduit la corruption dans tous les rangs. Ce torrent dévastateur emporte toutes les digues : si on ne tarit sa source, il étendra au loin ses ravages, il inondera tout un État d'un déluge de maux.

Si l'Administration veut sortir de la fange, si elle veut éloigner ce cortége impur de corruption, de fraude, de misère et de honte, dont elle est importunée ; si elle veut échapper à des embarras, à un déshonneur toujours croissant, elle n'a qu'*un seul parti à prendre : celui* de rentrer franchement dans les routes de la fidélité, dans les voies du Crédit ; *de payer une fois ce qu'elle doit, un peu plus même qu'elle ne doit, pour être enfin* débarrassée de ses entraves, et *réhabilitée.*

Alors seulement la confiance renaîtra, alors seulement les Capitalistes honnêtes et industrieux se rapprocheront des affaires publiques, et offriront, d'abord avec hésitation, leurs services.

Après de timides essais, *lorsque les premiers engage-*

mens à des termes rapprochés auront été accomplis, la confiance s'affermira ; ils se fieront à des promesses plus éloignées pour des sommes plus fortes.

Leur empressement, la concurrence qui s'établira bientôt entre eux pour traiter aux prix les plus modérés, l'émulation pour exécuter avec le plus d'exactitude et de conscience, écarteront les hommes douteux, leurs séductions, leurs fraudes, leurs rapines; ramèneront la probité et l'ordre dans les entreprises; rendront la surveillance aisée, et produiront une facilité et une économie incalculables dans toutes les parties du service.

Il rétablit le Crédit.

Si l'Administration prend une marche assurée et persévère dans sa fidélité ; si elle exécute scrupuleusement toutes ses promesses, *son Crédit s'élevera* par degrés et rapidement *jusqu'au point où les ressources qu'elle pourra en obtenir n'auront plus d'autres limites que sa volonté et sa modération ;* et en même temps le prix auquel elle les obtiendra, décroîtra et *descendra au-dessous des conditions les plus favorables que puissent jamais obtenir les particuliers les plus solvables.*

Le plan de 1814 marchait vers ce but.

Fondé sur ces principes réparateurs, le système de Finances de 1 8 1 4 avait déjà guéri une partie des plaies qu'*un long système de banqueroute* avait faites aux Finances; il s'avançait d'un pas ferme vers l'amélioration et l'affermissement du Crédit public ; il abaissait graduellement l'Intérêt exigé sur les Effets publics, et devait le réduire à 4 p.ᵗ o/o ; il élevait rapidement le cours et la valeur du Capital de ces Effets, et n'aurait pas tardé à les ramener et fixer au pair, à consolider le Crédit.

On a souvent parlé de Crédit public: mais les écrivains estimables, instruits même, qui en ont dit quelques mots, n'ont pas connu tous ses effets; la plupart l'ont repoussé comme renfermant des dangers, comme peu propre à s'adapter à nos Finances, comme étranger à la France.

Le Crédit public et ses effets applicables à la France.

Le Crédit, plante exotique dont la culture, quoique simple et facile, est peu connue en France, est, comme autrefois cette plante utile et modeste qui cache ses fruits au sein de la terre, repoussé par d'antiques préjugés, irréfléchis, enracinés. Comme cette plante robuste, le Crédit cependant peut germer et produire sur tous les sols, dans tous les climats; il ne redoute que la main barbare du cultivateur ignorant; facile à naturaliser, il ne peut être étouffé que par les chardons des Consolidations, l'ivraie de la *banqueroute*; enfin, comme cette plante féconde et nourricière, c'est sur-tout aux classes pauvres, aux habitans des campagnes, aux ouvriers, qu'il prodigue ses dons les plus précieux. En fournissant au Trésor d'immenses ressources, sans aggraver les Impôts, il prépare le soulagement des Contribuables, des Propriétaires; en conservant les Capitaux des hommes riches et industrieux, il favorise l'accroissement de la Richesse publique et particulière, il multiplie les entreprises, il distribue les travaux, il assure la subsistance, il répand l'aisance et le bonheur jusque dans les derniers rangs de la Société.

Le Crédit public est le plus sûr moyen de réaliser le vœu simple et sublime de HENRI IV.

A ce titre, le Crédit public appartient au cœur de son digne Successeur.

Résultat encore nouveau, encore contesté, mais résultat admirable des progrès de la civilisation, le Crédit public appartient également à un ROI éclairé, dont les lumières devancent et doivent diriger son siècle.

Enfin, le Crédit public garantissant tous les droits, respectant toutes les propriétés, réprimant les excès de la force, empêchant les abus de l'autorité en même temps qu'il facilite son action et affermit sa puissance, appartient essentiellement au Gouvernement constitutionnel.

Le pair des Effets publics, quel que soit leur Intérêt, est à la fois la première condition et le résultat du Crédit public ; il doit être l'objet constant de la sollicitude et de tous les efforts d'un Ministre des Finances, le but nécessaire de tous ses plans, le résultat infaillible de son système (1).

Tout plan qui, d'après l'expérience, tout système qui, de l'aveu même de son auteur, ne conduit pas

Du Pair des Effets publics.

Condition indispensable de tout plan de Finances.

____

(1) *Voir* l'Opinion d'un Créancier de l'État, *pages 38, 78, 79 et 80.*

vers ce but et ne doit pas l'atteindre promptement, est condamné ; il doit être rejeté.

Il ne peut être permis à un Ministre des Finances d'émettre des Effets publics que sous la condition de les maintenir au pair, parce qu'alors seulement cette émission est utile au Trésor et aux Contribuables sans nuire aux Rentiers et aux Créanciers de l'État : en agir autrement, c'est cueillir des fruits avant leur maturité et les tourner en poison.

L'Effet public le plus facile à maintenir au pair, par son échéance, par sa forme, par les avantages qui y sont attachés, est celui qui doit être préféré.

Le meilleur mode d'émission par paiement, *négociation* ou échange, *est celui qui laisse au Créancier plus de choix et de liberté ; c'est celui qui affecte le moins le cours.*

Cette condition du pair des Effets publics est aussi la seule règle modératrice de leur émission ; car lorsqu'elle est remplie, l'émission n'ayant que des avantages sans inconvéniens, le bien qu'elle procure doit être multiplié autant qu'il peut s'étendre.

Il ne résulte aucun danger d'une émission publique et libre, quelque abondante qu'elle soit, parce qu'elle s'arrête avec la volonté des Créanciers de l'État ; l'excédant, s'il s'en trouve, s'écoule par le fonds d'Amortissement (1) ; et la circulation s'abaisse à l'instant

De toute Émission d'Effets publics.

Elle règle leur forme,

Et le mode d'Émission.

Elle est la seule limite de cette Émission.

---

(1) Voir *page 223.* N. B.

jusqu'au point où elle retrouve le pair, et n'a plus que des avantages.

Dans le petit nombre de conditions nécessaires pour maintenir les Effets publics au pair, réside tout le secret des Finances, toute la magie du Crédit public (1).

La principale et presque la seule question à examiner dans la partie d'un Projet de Budget qui concerne le paiement et la liquidation de l'Arriéré, l'émission et le rachat des Effets publics, la circulation et l'amortissement de la Dette exigible et perpétuelle, c'est celle de savoir s'il est conforme aux conditions ci-dessus ou s'il s'en écarte, s'il doit, dans un temps

<hr>

(1) Il résulte de ces principes, que, dans les temps où le Crédit est faible et renaît, il faut emprunter à courtes échéances, raccourcir les échéances à la volonté du Créancier par le Rachat, et donner un haut Intérêt pour maintenir les Effets publics au pair.

Le pair obtenu, on alonge graduellement les échéances, on modère les Rachats, on réduit successivement les Intérêts selon les améliorations successives du Crédit, et sans jamais altérer le pair.

Dans cette marche prudente et habile, un Ministre des Finances est secondé par la volonté, la confiance, la satisfaction des Créanciers de l'État ; il parviendra ainsi infailliblement à emprunter à 4 pour o/o en Dette perpétuelle tout ce qu'il pourra être nécessaire ou utile d'emprunter.

Par la Consolidation forcée à 5 ou à 3 pour o/o, comme en l'an 9, l'ignorance, la maladresse, la violence croient d'un seul bond arriver au but, sans avoir parcouru la carrière ; elles tentent de ravir le prix sans savoir le mériter.

Elles échouent dans cette entreprise insensée, et n'en recueille-raient que la risée, si tous les maux que cause cette folle et cruelle erreur ne devaient exciter le mépris et l'indignation.

donné et rapproché, ramener et fixer tous les Effets publics au pair.

Le Projet de Budget est bon s'il assure ce résultat; il est inadmissible s'il ne doit jamais le produire, ou s'il ne le promet que pour un avenir trop éloigné.

La Consolidation forcée émet des Rentes à un Intérêt, dans une forme et pour des sommes fixées arbitrairement, sans égard ni à la volonté des Créanciers, ni au cours des Effets publics. La Consolidation forcée violant ainsi toutes les conditions des émissions d'Effets publics, doit être le plus sûr moyen d'en dégrader le cours et de ruiner le Crédit.

Faut-il nous étonner qu'elle ait toujours eu ce résultat !

N'est-il pas bien plus surprenant que, contre les leçons constantes de l'expérience et la prescription des principes, on vienne sans cesse la reproduire ?

Des circonstances malheureuses peuvent bien rendre le Crédit public chancelant, le pair des Effets publics plus difficile à atteindre ; mais elles ne font qu'augmenter la nécessité d'y tendre avec plus d'énergie, d'y arriver plus promptement.

Plus un État est malheureux, plus ses habitans sont appauvris, moins ils peuvent fournir aux Contributions; plus ils ont besoin des secours du *Crédit, qui diminue le poids des Impôts en augmentant les ressources du Trésor.*

Un avenir assuré contre les chances extraordinaires

de la fortune, est la seule condition du Crédit que l'Administrateur ne puisse pas maîtriser.

Gardons-nous de confondre la détresse avec le dis-crédit; n'ajoutons pas l'un à l'autre : gardons-nous d'envenimer les plaies des Finances ; sachons distinguer et appliquer leur plus efficace remède.

Ne recommençons pas la faute incalculable commise en l'an 9, et qui frappa les Finances et le Crédit public d'une langueur mortelle.

Les palliatifs qui de temps à autre semblaient leur redonner un peu de vigueur, ne sont plus à notre usage; nous ne pouvons rejeter sur les États voisins l'excès de nos dépenses, et y chercher des supplémens à notre pénurie (1).

Il faut trouver en nous-mêmes, et tous nos besoins et d'immenses charges qui, pendant plusieurs années peut-être, excéderont nos revenus.

On ne peut, sans consommer la ruine de la France, surcharger une Matière imposable appauvrie, épuisée, détruite.

Le présent nous accable, mais l'avenir nous sourit; il appelle, il soutiendra le Crédit; *il faut y recourir autant par nécessité que par conviction* (2).

____

(1) *Voir* l'Opinion d'un Créancier de l'État, *pag. 12 à 16.*

(2) Pour rendre cette conséquence, qui est aussi un principe, sensible par un exemple, supposons un besoin extraordinaire de 500 millions. Si nos Fonds publics à 8 ou à 4 pour cent, peu importe

Un Gouvernement que l'inhabileté de ses Adminis-
trateurs, un État que sa situation priveraient de tout
Crédit, seraient désespérés et ces'seraient bientôt d'exister.

Quels que soient les malheurs d'un État et ses charges,
tant que le Crédit se soutient, l'espérance demeure ; et
ils croîtront ensemble aux premiers rayons d'un avenir
plus heureux.

Le faux système de Finances adopté en l'an 9 eut

Conséquences du faux système de Finances adopté en l'an 9.

le taux des Intérêts, étaient au pair et le Crédit public affermi, nous
pourrions à l'instant nous procurer cette somme par un Emprunt ou
une émission égale d'Effets. Cette charge accablante serait convertie
en un poids annuel de 40 à 20 millions, d'autant plus facile à
supporter, que nous obtiendrions sans retard tous les avantages
ajournés jusqu'au moment où nous y aurions satisfait.

Notre Crédit est bien loin de pouvoir nous fournir de pareilles ressources ; mais ne devons-nous pas travailler à le rétablir, à le mettre
en état de nous soulager, au lieu de le dégrader, de l'énerver de
plus en plus par la Consolidation forcée !

500 millions payables en trois ans, ou, avec les intérêts, 200 millions
par an, *ajoutés aux Impôts*, seraient un fardeau excessif, insoutenable ;
mais si *le Crédit* y subvenait en partie ou en totalité, nous serions
libérés de ce Capital énorme bien plus promptement et avant même
que les Contribuables l'eussent déboursé.

Le poids des Impôts s'allége et devient insensible, quand le Crédit l'étend
et le répartit sur dix, quinze ou vingt ans, au moyen d'Emprunts ou
d'émissions d'Effets publics, maintenus au pair par un Intérêt suffisant,
et remboursables successivement par le Rachat, dans la proportion du
recouvrement de l'Impôt modéré, ou des produits affectés à l'Amortissement de la Dette.

C'est vers ce but qu'un Ministre des Finances doit tendre dans tous
les temps et sur-tout dans les circonstances malheureuses.

18..

plus d'influence qu'on ne lui en attribue communémen
sur les fautes politiques qui suivirent.

En ne fournissant pas au Gouvernement des ressources suffisantes, en ne lui procurant que des secours
ruineux et trompeurs, il minait sourdement, il épuisait
lentement ses forces et préparait sa chute.

Les propagateurs et les exécuteurs de ce faux système ont contribué à notre délivrance. Nous ne leur
devons cependant aucun remerciement ; leur inhabileté
a trahi leurs vœux et leurs efforts.

Ils croyaient cimenter la tyrannie, et ils sapaient
ses fondemens.

Si nous voulons voir l'ordre et la sécurité renaître
et s'affermir, repoussons pour l'avenir leurs dangereux
conseils, leur pernicieux concours. Il est incontestable
que leur système a causé et prolongé la plupart des
excès, des violences et des destructions, dont il ne nous
a amené que tardivement les salutaires mais douloureux remèdes.

Incapable de subvenir seul aux dépenses de l'État,
impuissant et débile, ce système de Finances ne put
prêter aucune force à la politique et à la guerre ; il
retomba sur elles, et leur demanda l'appui qu'il eût
dû leur fournir. La conquête déshonorée fut dégradée
jusqu'au pillage ; elle devint un expédient de Finances
indispensable ; elle fut insolemment, imprudemment
classée dans les Budgets parmi les revenus ordinaires (1).

____

(1) *Voir* l'Opinion d'un Créancier de l'État, *pag. 13 , 14 et 15.*

Les Finances étaient la partie faible et honteuse du Gouvernement le plus fort et le plus audacieux qui eût paru depuis long-temps. Si son sceptre fut à juste titre appelé une verge de fer, son système de Finances ne fut qu'un roseau hérissé d'épines qui blessa tous ceux sur lesquels il l'étendit ; et qui le blessa lui-même en se rompant entre ses mains, au moment où il fut réduit à y chercher son appui : colosse aux pieds d'argile, sa chute fut prévue au milieu de son élévation, par ceux qui connurent le secret de sa faiblesse ; et dès qu'il eut été ébranlé, sa ruine dut être également prompte et sans retour.

Que l'on applique les considérations et les principes que je viens de développer au plan de Finances introduit en l'an 9, renouvelé en 1815, et au plan de 1814 ; on les appréciera à leur juste mérite. On partagera mon indignation contre l'un ; mon estime pour l'autre.

Ces principes applicables aux plans de Finances adoptés en France ;

D'après ces principes, sans exception, on peut juger tous les plans, tous les systèmes qui ont été, qui seront proposés dans tous les temps, dans tous les pays.

A tous les plans de Finances, dans tout les temps, dans tous les pays.

Qu'on les applique, soit au système de *Banqueroute* et de *Consolidation forcée*, soit au système de *Fidélité* et de *Crédit*, ils éclaireront la discussion d'une vive lumière, qui ne laissera ni refuge ni excuse à l'erreur.

Si l'on adopte ces principes, nous verrons enfin les Ministres des Finances ne proposer et les Chambres n'adopter que des plans justes, salutaires, honorables,

Ils peuvent seuls réunir les intérêts des Contribuables et

d'accord avec la morale, avec les intérêts de l'État, avec ceux des Contribuables, des Rentiers et des Créanciers de l'État. Nous verrons tous ces intérêts divers, que le système contraire n'a cessé de diviser et de rendre hostiles entre eux, quoique de leur nature ils soient inséparables bien loin d'être opposés, nous les verrons, dis-je, réunis et confondus dans un seul intérêt, celui du Bien public.

Quand un Ministre des Finances aura exécuté ce système constamment proscrit depuis vingt-cinq ans, lorsqu'il aura réalisé ces résultats inconnus et crus impossibles en France, l'ignorance, la malignité, l'envie, se tairont devant un concert d'éloges et de bénédictions : ou si elles lui adressent encore leurs aveugles critiques, leurs absurdes reproches, qu'il dédaigne de leur répondre ; les Contribuables, les Rentiers et les Créanciers de l'État, réconciliés entre eux, soulagés, sauvés, enrichis par ses soins, s'empresseront de prendre sa défense, et d'une voix unanime proclameront ses succès et leur reconnaissance.

Vingt fois cependant, et plus, nous avons vu des hommes intègres, incorruptibles, qui se seraient fait un scrupule de manquer au moindre de leurs engagemens personnels, de détourner la plus légère parcelle des deniers publics, n'avoir pas honte de proposer ouvertement la *Banqueroute !*

Ils l'ont exécutée.

Ils ont, au mépris des Lois protectrices de la Foi

publique, à la face des Constitutions qui garantissaient tour à tour la Dette publique, consommé sans remords la ruine d'une foule de Créanciersde l'État!

Qui a pu donner à cette funeste erreur l'assentiment unanime, l'empire souverain qu'obtient si rarement même la vérité!

On l'a appuyée sur la nécessité des circonstances; on l'a enveloppée du voile du Bien public, qui a couvert tant d'erreurs et de crimes; on lui a mis le mensonge à la bouche. En cachant sa honte et sa difformité sous ce déguisement, elle a pu séduire la foule inattentive et crédule; et prévaloir long-temps contre les vrais principes, relégués au rang des rêves et des chimères.

J'ai essayé de soulever, de déchirer son voile imposteur; je lui ai arraché sa parure empruntée pour la restituer à la Fidélité, sa rivale : elle s'avance accompagnée de la sincérité, de l'équité, de l'honneur, de l'abondance, pour replacer le Crédit à la tête des Finances, dont il fut naguère chassé avec ingratitude, après avoir fait tant de bien en peu de jours.

Si j'ai pu contribuer à rectifier quelques calculs mensongers, à dévoiler quelques erreurs, à établir quelques vérités utiles, je serai trop satisfait : la tâche que je me suis proposée sera remplie; car je n'ai point l'ambitieuse prétention d'avoir détruit, pour tous, toutes les erreurs populaires que j'ai attaquées, d'avoir assuré le triomphe des vérités peu connues que j'ai procla-

mées ; à peine osé-je me flatter d'une victoire passagère
sur *le système de Banqueroute et de Consolidation forcée*
que j'ai attaqué de toutes mes forces.

Espérons que ce fléau enfanté et nourri pendant les
troubles de la révolution, par l'ignorance et la mauvaise
foi ; chassé ignominieusement au retour de la justice
et de toutes les vertus assises sur le Trône ; ramené,
confondu parmi tous les fléaux vomis par le volcan de
l'île d'Elbe, n'échappera pas à l'œil éclairé, à la main
vigilante d'un ROI que nos vœux rappelaient pour faire
cesser les malheurs de la Patrie et réparer tous ses
maux.

UN CRÉANCIER DE L'ÉTAT.

CATALOGUE

Des Écrits publiés et des Opinions prononcées et imprimées relativement au Budget proposé le 22 Juillet 1814 (1).

I.º Écrits et Brochures publiés en 1814.

CONTRE LE BUDGET.	POUR LE BUDGET.
Vingt Écrits.	Six Écrits.

Observations et Éclaircissemens sur le paragraphe concernant les Finances, dans l'Exposé de la Situation du Royaume, présenté à la Chambre des Pairs et à celle des Députés. (Anonyme.) — 31 Juillet 1814.

Réflexions sur le Budget de 1814. Par M. Ganilh, ex-Tribun. — 5 Août 1814.

Opinion d'un Créancier de l'État sur le Budget et sur les Observations et Réflexions dont il a été l'objet. (Anonyme, signé: Un Créancier de l'État.) — 13 Août 1814. Avec cette épigraphe :

« *Discite justitiam moniti et* » *non temnere Divos.* »

« Apprenez le prix et les » effets du Crédit, et ne dé- » daignez plus ce présent » des Dieux. »

(1) Plusieurs Écrits sur les Finances furent publiés en 1814 avant le Budget ; je n'indique dans ce Catalogue que ceux dans lesquels on

CONTRE LE BUDGET.	POUR LE BUDGET.
Notes concernant la pre-mière partie de l'Opinion d'un Créancier de l'État sur le Budget. (Anonyme, signé : *L'Ami de la vé-rité.*) — 27 Août 1814.	*Post-scriptum ajouté à la seconde édition de l'Opi-nion d'un Créancier de l'État, en réponse aux Notes d'un Ami de l'Au-teur des Observations.* (Anonyme, signé : *Un*

s'occupait du paiement de l'Arriéré et de la restauration des Finances et du Crédit public.

Mémoire sur le Rétablissement des Finances, par M. le chevalier *Hennet.* — Avril 1814.

Réflexions sur les Finances et le Commerce, par M. F.*** — Mai 1814.

Observations sur les Dépenses et les Recettes à venir de la France et sur les Finances, par M. *Sabatier*, ancien Préfet du Département de la Nièvre. — Juin 1814.

Aperçus sur les Recettes et Dépenses de l'État, sur les Moyens d'amortir la Dette constituée et de solder la Dette exigible, par M. *Formé*, ancien payeur des rentes. — Juin 1814.

Quelques Idées sur les Finances et sur les Moyens d'en réparer le désor-dre, par M. *Nettement*, ancien secrétaire de légation. — Juillet 1814.

Vœu d'un Français pour parvenir à payer la Dette arriérée de l'État sans augmentation d'Impôts, par M. *Zacharie Galland*, de Poitiers. — Juillet 1814.

Essai sur les Finances du Royaume, sur la possibilité de diminuer les Impositions sans nuire aux Moyens de faire face à toutes les dépenses annuelles, de payer l'Arriéré et d'amortir en peu d'années la Dette constituée, par J. B. L. F. *Delamare*. — Juillet 1814.

Quelques idées sur le Moyen d'accroître et assurer à perpétuité les Ressources de l'État avec facilité, par M. D. S. P. — Juillet 1814.

CONTRE LE BUDGET.

POUR LE BUDGET.

Un mot sur la Liquidation de l'Arriéré. (Anonyme.) — Juillet 1814.

Lettre d'un Français aux Députés des Départemens, sur le Budget. (Anonyme.) — Juillet 1814.

Remontrances sur l'Exposé de la Situation du Royaume. Ire partie. Par l'auteur du *Furet.* — Juillet 1814. Avec cette épigraphe :

« Bergers, bergers, le loup n'a tort
« Que quand il n'est pas le plus fort. »

*Lettre sur le Budget à M.**, membre de la Chambre des Députés.* Par M. Delangre. — 1.er Août 1814.

Créancier de l'État.) — 23 Août 1814. Avec cette épigraphe :

« Rien n'est plus dangereux
» qu'un ignorant ami. »

Opinion sur le Budget. Par M. F. B. Boyer-Fonfrède. — Août 1814.

Analyse raisonnée du nouveau Plan de Finances. Par un Correspondant de la Société royale d'Agriculture du Département de la Seine. — Août 1814. Avec cette épigraphe :

« Pour bien fonder les re-
» venus publics, il faut avoir
» égard aux nécessités de l'État
» et aux nécessités des ci-
» toyens. »

Lettre de M. A..... à un de ses compatriotes, membre de la Chambre des Députés, en réponse à M. Delangre. — 10 Août 1814.

CONTRE LE BUDGET.	POUR LE BUDGET.

Lettre d'un Bas-Breton à son ami en province. — (Anonyme.)— 16 Août 1814.

Observations sur le mode de Liquidation de l'Arriéré, proposé par M. le baron Louis. (Par W... anonyme.) — Août 1814. Avec cette épigraphe :

« La meilleure manière, la » seule honorable comme la » seule utile de déprécier un » Gouvernement qui n'est » plus, c'est de faire mieux » que lui. »

La France en 1789, comparée à la France en 1814. (Anonyme.) — Août 1814.

Observations sommaires sur le Budget. (Anonyme.) — Août 1814. Avec cette épigraphe :

« *Singuli decipere et decipi* » *possunt : nemo omnes, nemi-* » *nem omnes fefellerunt.* »

Aperçu sur les Recettes et

CONTRE LE BUDGET.   **POUR LE BUDGET.**

Dépenses de l'État, sur les Moyens d'amortir la Dette constituée et de solder la Dette exigible. Par M. *Formé*, ancien payeur des rentes.–Août 1814.

Questions d'un Provincial sur l'État actuel, et sur les Budgets de 1814 et 1815. (Anonyme.) — Septembre 1814. Avec cette épigraphe :

> « *Quid verum atque decens* » *curo et rogo, et omnis in hoc* » *sum.* »

Observations sur les Rapports présentés au Roi et aux deux Chambres, et sur les Budgets de 1815. Par M. *Formé*, ancien payeur des rentes. — Septembre 1814.

Observations sur le Rapport du Ministre des Finances. Par M. *Lemercier*, ancien banquier.—Septembre 1814.

CONTRE LE BUDGET.	POUR LE BUDGET.

Moyens de remédier aux inconvéniens du Budget proposé par le Ministre des Finances. Par l'Auteur des *Considérations sur l'Organisation sociale.* — Septembre 1814. Avec cette épigraphe :

« *Hoc verissimum, sine summa justitia rem publicam regi non posse.* »

Réflexions sur l'Aperçu des Recettes et Dépenses de l'an 1815, et sur le Rapport fait au Roi par le Ministre des Finances. Par M. *Sabatier*, ancien Préfet du Département de la Nièvre. — Septembre 1814.

Considérations sur les Finances, sur la Dette publique, sur la nécessité et sur les moyens de créer un Milliard en papier-monnaie, aussi solide et

CONTRE LE BUDGET.

POUR LE BUDGET.

plus précieux que l'or. Par M. *Bouchon Du-bournial.* — Septembre 1814.

Un mot sur ce qu'il paraî-trait possible de faire en Finance, ou ressassis de beaucoup de choses dites ou faites en cette partie. Par un ancien Chef au Ministère des Finances, pensionné de l'État. (Signé *Boyard.*)—Septembre 1814.

Errata du Rapport du Mi-nistre des Finances con-cernant la Situation des Finances et le Budget. (Anonyme-Manuscrit). — Août 1814.

Errata de l'Errata , par un Créancier de l'État. (Anonyme, Manuscrit.) — Août 1814. Avec cette épigraphe :

»*Errare humanum est ; perse-verare diabolicum est.*»
» Errer involontairement est
» l'inévitable partage de l'huma-
» nité. Errer volontairement est
» une malice diabolique. »

II.º CHAMBRE DES DÉPUTÉS.

CONTRE LE BUDGET.	POUR LE BUDGET.
Vingt Orateurs	Onze Orateurs.
22 juillet.	Présentation du Budget par M. le Baron *Louis*, Ministre des Finances.
23 août.	M. *Delhorme*, Rapporteur de la Commission.
29 août. M. *Desgraves.*	
	M. *Petit de Beauvergez.*
M. *de Prunelé.*	
M. *Riboud.*	
	M. *Lezurier de la Martel.*
M. *Labbey de Pompières.*	
30 août.	M. *Laborde.*
M. *Durbach.*	
M. *Passerat de Silans.*	
	M. *Silvestre de Sacy.*
M. *Francoville.*	
31 août. M. *Duffort.*	
	M. *Duhamel.*
M. *Desault.*	
	M. *Bouchard.*
M. *Jalabert.*	

CONTRE LE BUDGET.	POUR LE BUDGET.
	Le Ministre des Finances.
1.ᵉʳ sept. M. *Fornier de Saint-Lary.*	
	M. *d'Astorg.*
M. *Beslay.*	
	M. *Delhorme.*
M. *Morisset.*	
	M. *Lefaucheux.*
2 sept. M. *Souques.*	
	M. *Gourlay.*
M. *Flaugergues.*	
	Le Ministre des Finances.
M. *Francoville.*	
3 sept.	Le Ministre de l'Intérieur.
M. *Cazenave.*	
M. *Dumolard.*	
M. *Sartelon.*	
M. *Bédoc.*	
M. *Amyrault*	
Et divers.	

III.º CHAMBRE DES PAIRS DE FRANCE.

CONTRE LE BUDGET.	POUR LE BUDGET.
Deux Opinions.	Cinq Opinions.
8 sept.	Présentation du Projet de Loi par le Prince de Talleyrand, Ministre des Affaires étrangères.

19

CONTRE LE BUDGET.	POUR LE BUDGET.
17 dudit.	M. le Duc *de Plaisance*, Rapporteur de la Commission.
20 sept. M. le Comte *Cornudet.*	
	M. le Duc *de la Vauguyon.*
	M. le Duc *de Doudeauville.*
M. le Duc *de Brancas.*	
	M. le Comte *Lecouteulx de Canteleu.*
	M. le Comte *Garnier.*

IV.º EN 1815.

CONTRE LE BUDGET DE 1814.	POUR LE BUDGET DE 1814.
Exposé de la Situation de l'Empire, présenté à la Chambre des Pairs et à celle des Représentans, le 13 juin 1815. (M. le Comte Carnot, Ministre de l'Intérieur.)	*Observations et Éclaircissemens, par un Créancier de l'État, sur les différens systèmes de Finances suivis en France depuis l'an 8 jusqu'au 8 juillet 1815, et notamment sur le paragraphe concernant les Finances, dans l'Exposé de la Situation*
Compte de l'Administration des Finances, années 1813 et 1814. (M. Gaudin,	

CONTRE LE BUDGET.   POUR LE BUDGET.

Duc *de Gaëte*, Ministre des Finances.) — Juin 1815. | de l'*Empire*, *sur le Budget et le Compte*, *et sur le Projet de Loi de Finances présentés en juin 1815*, (Anonyme.) — Août 1815. Avec cette épigraphe :

» *Quidquid delirant Reges, plectuntur Achivi.* »

» Les erreurs et les fautes des » Ministres des Finances sont » payées par les Peuples. »

N. B. En résultat il a été publié, en 1814, sur les Finances, et à l'occasion du Budget proposé le 22 juillet 1814, soixante-onze Discours ou Écrits, sans compter cinq Discours des Ministres du Roi :

Dix-huit pour le Budget;

Cinquante-trois contre le Budget, en y comprenant les Écrits publiés avant le Budget et qui proposaient des mesures contraires à celles adoptées par la Loi du 23 septembre 1814.

TABLE DES TITRES

Des OBSERVATIONS et ÉCLAIRCISSEMENS, par un Créancier de l'État, sur les différens systèmes de Finances suivis en France depuis l'an VIII jusqu'au 8 Juillet 1815.

AVIS DE L'ÉDITEUR.......... Pag.   v.

AVERTISSEMENT................. xj.

OPINION D'UN CRÉANCIER DE L'ÉTAT..................... 1 à 100.

OBSERVATIONS ET ÉCLAIRCISSEMENS PAR UN CRÉANCIER DE L'ÉTAT...................... 101.

OBSERVATIONS PRÉLIMINAIRES. *Motifs et objet de cet écrit*................ 103.

CATALOGUE *des Écrits et Discours pour et contre le Budget de 1814*........ 104 et 281.

DU MONTANT DE L'ARRIÉRÉ DE 1813 *et années antérieures*............... 113.

    On ne donne, en 1815, aucune *preuve* de l'exagération prétendue de l'Arriéré en 1814............................ *ibid.*

    Le montant réel de l'Arriéré n'est pas justifié en 1815......................... 121.

(293)

L'Arriéré n'est-il pas atténué par le Ministère
de 1815?.......................... Pag. 122.

Comparaison de l'Arriéré annoncé en 1814
et en 1815............................ 124.

La réduction présentée par le Ministre des
Finances de 1815, n'est qu'apparente... ibid.

Paiemens effectués sur l'Arriéré, du 1.er avril
1814 au 1.er mai 1815................. 125.

          sur la Dette du Ministère
          des Finances........... ibid.

          sur les Dettes arriérées des
          divers Ministères...... 127.

          sur la Dette arriérée du Mi-
          nistère de la guerre.... 128.

          au total, sur l'Arriéré.... 130.

La Dette arriérée des Ministères est arbitrairement réduite en 1815........... 131.

L'Exposé de la Situation de l'Empire et le
Rapport sur les Finances n'étaient pas
d'accord sur le montant de l'Arriéré..... 132.

L'Exposé imprimé officiellement a été falsifié............................... 134.

Extrait de cet Exposé.................. 135.

Arriéré réel du Ministère de la Guerre.... 141.

          des divers Ministères........ 142.

Récapitulation du montant réel et rectifié de
l'Arriéré........................... ibid.

Exagération d'un dixième de l'Arriéré (50
millions) par le Ministre de 1814........ 145.

(294)

Dissimulation de moitié de l'Arriéré (226 millions) par le Ministre de 1815 .... Pag. 146.

OBSERVATIONS SOMMAIRES SUR LE BUDGET DE 1814 .... 148.

Reproche singulier d'avoir omis ce qui est écrit deux fois .... *ibid.*

Budget ou Évaluation des Recettes .... 151.

Douanes .... *ibid.*

Accroissement prodigieux de la consommation des Sucres .... 152.

Réduction du Droit sur les Sucres , et Accroissement du Produit de ce Droit .. 153.

Coupes de Bois .... 155.

Centimes et Contributions extraordinaires de 1813 et 1814 .... 156.

Compensation avec les réductions des Recettes .... 157.

sur les Contributions directes ordinaires .... *ibid.*

25 millions payés aux Étrangers .... 158.

Produit des Centimes extraordinaires ..... 159.

Excédant des Recettes. 160.

Enregistrement et Domaines .... *ibid.*

Loterie et Postes ...... *ibid.*

Versement du Domaine extraordinaire .... 161.

Recettes et Dépenses appartenant à 1813. 162.

Vente des Bois de l'État .... 164.

Budget des Dépenses de 1814................Pag. 167.
  Excédant des Dépenses sur les Recettes .. ibid.
  Moyens d'y pourvoir..................... 168.
  Réduction du Budget des Dépenses...... 169.
        pour quelques Ministères.. ibid.
        pour le Ministère de la
          Guerre................... 170.
  Exagération totale et définitive du dixième
    des Évaluations sur 1813 et 1814........ 171.

DU MODE DE PAIEMENT DE L'ARRIÉRÉ 175.
  Inculpations vagues, suppositions gratuites,
    craintes feintes ou puériles, que démentent
    les faits et les premiers résultats........ ibid.
  Cours ou Crédit des Obligations.......... 179.
  La Liquidation et les Paiemens faits en
    Obligations et en Numéraire furent, en
    1814, doubles de ceux promis en Rentes,
    pour 1815, par le Budget proposé...... 182.
  Le Paiement en Obligations exigeait une
    Liquidation rapide, et était préparé pour
    cela................................. 184.
  Le Budget de juin 1815 a créé le discrédit. 186.
  Résultats comparés des deux Modes de Paie-
    ment de l'Arriéré.................... 189.

DU PLAN DE FINANCES ET D'AMOR-
TISSEMENT, DE 1814............. 193.
  Moyens d'Amortissement, et marche pro-
    gressive de ce plan................... ibid.
  Son influence sur les Cinq p.r o/o consolidés. 194.

(296)

Conversion de l'Arriéré exigible, en Obligations à 8 p.ʳ o/o au pair. Pag.   194.

    des. Obligations, en Rentes 6
    p.ʳ o/o au pair.............   195.

    des Rentes 6 p.ʳ o/o, en Rentes
    5 p.ʳ o/o au pair...........   197.

    des Rentes 5 p.ʳ o/o, en Rentes
    4 p.ʳ o/o au pair...........   198.

Emprunts à venir à 4 p.ʳ o/o...........   199.

Conversion de la totalité de la Dette, en
4 p.ʳ o/o............................   ibid.

Résumé du plan de Finances de 1814........   ibid.

DU PLAN DE FINANCES ET D'AMORTIS-
SEMENT DE JUIN 1815, ET DE L'AN 9
À 1814.............................   201.

Le plan de juin 1815 est le même que celui
de l'an 9 à 1814.....................   ibid.

Premiers effets de ce plan.............   ibid.

Moyens d'Amortissement de ce plan.......   203.

Ils sont les mêmes que ceux de la Loi du
30 ventôse an 9.....................   ibid.

*Loi du 30 ventôse an 9 comparée au plan de
1814 et de juin 1815..................*   206.

    Évaluation, Liquidation et Paiement
de l'Arriéré, en l'an 9............   ibid.

    en juin 1815...........   207.

    en 1814...............   ibid.

Amortissement de la Dette publique. Pag. 207.

Affecté sur les extinctions des Rentes viagères, en l'an 9 .... *ibid.*

Laissé sans exécution ..... 208.

Renouvelé en juin 1815 .. *ibid.*

Autres Fonds et Revenus affectés à l'Amortissement, en l'an 9 .... *ibid.*

Exécution commencée.... 209.

Ses résultats détruits. .... *ibid.*

Rénouvelé en juin 1815 .. *ibid.*

Insuffisance de ce fonds d'Amortissement. 210.

EMPRUNT FAIT EN MAI ET JUIN 1815, comparé à celui fait en 1814 ...... 212.

Émission et Vente secrètes des Rentes de la Caisse d'Amortissement, en mai et juin 1815 .... 213.

Cette Émission est un Emprunt .... 214.

Conditions de cet Emprunt .... 215.

Bénéfice énorme de la Compagnie .... *ibid.*

Charge et Pertes pour le Trésor .... 216.

Calcul des Bénéfices de la Compagnie ..... 217.

Calcul des Pertes de la Caisse d'Amortissement .... 220.

Danger et Pertes pour les anciens Rentiers .. *ibid.*

Calcul de la Perte pour les Rentiers ...... 222.

Pertes pour les Créanciers de l'État .... *ibid.*

N. B. *Objet et Effet de l'Amortissement* .... 223.

INFLUENCE SUR LE COURS DE LA RENTE *des divers plans de Finances.* Pag.   226.

Du plan de Finances de l'an 9 à 1814.   *ibid.*

de 1814.......   229.

de juin 1815....   *ibid.*

N. B. *Ministère du Trésor*.........   228.

Caisse de Service............   *ibid.*

N. B. *Relevé des Cours de la Rente*...   230.

Calcul du discrédit sur le Capital de la Dette publique........   *ibid.*

DE LA CONSOLIDATION FORCÉE, ou *Paiement en Rentes des Créances arriérées.*   233.

Banqueroutes ordinaires avant la Révolution....................   *ibid.*

Banqueroutes révolutionnaires..........   234.

Origine des Consolidations forcées ou Paiemens en Rentes.............   *ibid.*

La Consolidation forcée généralement admise..................   235.

Sa nature et ses effets ne sont pas connus...   237.

Définition exacte de la Consolidation forcée.   238.

La Consolidation forcée de l'Arriéré *n'est pas un Paiement* ....   239.

Considérée comme *Ajournement indéfini* ou *Refus de Paiement*..   *ibid.*

Considérée comme un *Emprunt forcé*.................   241.

(299)

Appliquée aux Salariés de l'État. Pag. 242.

aux Fournisseurs et En-
trepreneurs.......... 243.

lorsqu'ils ne sont pas
Capitalistes...... *ibid.*

étendue aux Créanciers
des Fournisseurs... 244.

lorsqu'ils sont Capita-
listes............ 245.

La Consolidation forcée, *Emprunt forcé fait
par addition à une ancienne Dette*, cause
nécessairement le discrédit........... *ibid.*

La Consolidation forcée *n'est pas un Emprunt à 5 p.^r o/o*..................... 247.

Un Emprunt est nécessairement libre. *ibid.*

Le Prêteur exige, par la Consolidation
forcée, un Intérêt énorme........ 248.

Le Créancier de l'État subit cet énorme
Intérêt, une première fois......... 249.

Cet énorme Intérêt est supporté, une
seconde fois, par les Contribuables. *ibid.*

La Consolidation forcée de l'Arriéré, considérée comme un *Impôt*.............. 250.

Sur le Créancier de l'État........... *ibid.*

Sur le Rentier.................... *ibid.*

Impôt injuste et arbitraire dans sa répartition......................... 252.

destructif pour les Contribuables
et sans profit pour l'État...... 253.

(300)

La Consolidation forcée de l'Arriéré, considérée comme un *Paiement*....... Pag. 253.
C'est une *Banqueroute*............... 255.
La *Banqueroute* ne produit rien à l'État.. 256.
　　　ne détruit pas la Dette de
　　　l'État............ *ibid.*
　　　ni dans l'opinion du Créan-
　　　cier.............. *ibid.*
　　　ni dans l'Opinion publique 257.
　　　ni à l'égard de l'Adminis-
　　　tration............ *ibid.*
　　　ni à l'égard des Contribua-
　　　bles.............. 258,
　　　pervertit les Créanciers de
　　　l'État............ 257.
　　　affaiblit la Matière impo-
　　　sable.............. 259.
　　　rend plus difficiles et plus
　　　coûteux les nouveaux
　　　Traités............ 260.
Il faut trouver de nouveaux Fournisseurs.. *ibid.*
Les Fournisseurs riches et honnêtes s'éloignent........................... 261.
Les fripons seuls se rendent Fournisseurs... 262.
　　　Ils introduisent le désordre et le
　　　brigandage............. *ibid.*
　　　Ils stipulent et causent un Ren-
　　　chérissement de prix énorme. *ibid.*
　　　Appréciation du Renchérisse-
　　　ment de prix............Pag... 263.

(301)

Effets du Renchérissement. Pag.   263.

Perte énorme pour l'État et pour les Contribuables................   264.

Les *nouvelles Banqueroutes* n'empêchent pas les Fournisseurs adroits de s'enrichir.....   265.

Elles aggravent les embarras de l'Administration et les maux publics......   266.

Le Paiement intégral en est le seul remède.   267.

Il ramène les Fournisseurs honnêtes.   *ibid.*

Il rétablit le Crédit................   268.

Le plan de 1814 marchait vers ce but......   *ibid.*

Le *Crédit public, et ses effets applicables à la France*............   269.

Du Pair des Effets publics.............   270.

Condition indispensable de tout plan de Finances.................   *ibid.*

de toute Émission d'Effets publics.   271.

Elle règle leur forme..........   *ibid.*

et le mode d'Émission.......   *ibid.*

Elle est la seule limite de cette Émission...................   *ibid.*

le seul point à examiner dans un Projet de Budget...........   272.

La Consolidation forcée viole toutes les règles des Émissions d'Effets publics.....   273.

Les circonstances les plus malheureuses rendent le Crédit plus nécessaire, et ne le rendent pas impossible............   *ibid.*

Conséquences du faux système de Finances adopté en l'an 9...................   275.

Ces principes applicables aux plans de Finances adoptés en France........ Pag.   277.

Et à tous les plans de Finances, dans tous les temps, dans tous les pays...................   *ibid.*

Ces principes peuvent seuls

Réunir les intérêts des Contribuables et des Créanciers de l'État dans le seul intérêt du Bien public............   *ibid.*

Et honorer un Ministre des Finances...   278.

Conclusion.........................   *ibid.*

FIN DE LA TABLE ET DU VOLUME.